D1729192

WISSEN FÜR DIE PRAXIS

Weiterführend empfehlen wir:

So viel ist Ihr Haus wert
ISBN 978-3-8029-4075-0

Profi-Handbuch Wertermittlung von Immobilien
ISBN 978-3-8029-3962-4

Schenken und Erben ohne Finanzamt
ISBN 978-3-8029-4077-4

Das gesamte Immobilienrecht
ISBN 978-3-8029-5258-6

Wir freuen uns über Ihr Interesse an diesem Buch. Gerne stellen wir Ihnen zusätzliche Informationen zu diesem Programmsegment zur Verfügung.

Bitte sprechen Sie uns an:

E-Mail: WALHALLA@WALHALLA.de
http://www.WALHALLA.de

Walhalla Fachverlag · Haus an der Eisernen Brücke · 93042 Regensburg
Telefon 0941 5684-0 · Telefax 0941 5684-111

WALHALLA

Wilfried Mannek

Die neue Grundsteuerreform

Was Eigentümer und Mieter wissen müssen
Daten, Fakten, Hinweise, Berechnungsbeispiele

WALHALLA Rechtshilfen

WISSEN FÜR DIE PRAXIS

Bibliografische Information der Deutschen Nationalbibliothek
Die Deutsche Nationalbibliothek verzeichnet diese Publikation in der Deutschen
Nationalbibliografie; detaillierte bibliografische Daten sind im Internet über
http://dnb.dnb.de abrufbar.

Zitiervorschlag:
Wilfried Mannek, Die neue Grundsteuerreform
Walhalla Fachverlag, Regensburg 2020

Hinweis: Unsere Werke sind stets bemüht, Sie nach bestem Wissen zu informieren.
Alle Angaben in diesem Buch sind sorgfältig zusammengetragen und geprüft.
Durch Neuerungen in der Gesetzgebung, Rechtsprechung sowie durch den Zeitablauf
ergeben sich zwangsläufig Änderungen. Bitte haben Sie deshalb Verständnis dafür,
dass wir für die Vollständigkeit und Richtigkeit des Inhalts keine Haftung übernehmen.
Bearbeitungsstand: Januar 2020

Produktion: Walhalla Fachverlag, 93042 Regensburg
Printed in Germany
ISBN 978-3-8029-4118-4

SBL–CPI-0320-26885-O

Schnellübersicht

Eine Reform für alle	7
Abkürzungen	8
Die Einheitsbewertung ist verfassungswidrig	9
Reform der Grundsteuer nach dem Bundesmodell	23
Unbebaute Grundstücke im Bundesmodell	35
Vereinfachtes Ertragswertverfahren im Bundesmodell	43
Sachwertverfahren im Bundesmodell	79
Sonderfälle	93
Ländermodelle	95
Aufkommensneutralität	101
Hauptfeststellung	103
Änderungen des Grundsteuergesetzes	107
Berechnungsbeispiele	115

1
2
3
4
5
6
7
8
9
10
11

Eine Reform für alle

Auch Sie zahlen Grundsteuer für Ihre Wohnung – egal, ob Sie Eigentümer sind oder Sie ein Haus mieten und der Vermieter die Grundsteuer auf Sie umlegt. Auch wenn Sie Gewerbetreibender oder Freiberufler sind, zahlen Sie Grundsteuer für Ihre gewerblich oder freiberuflich genutzte Immobilie. Das wird sich auch künftig nicht ändern.

Ob Sie zu den Gewinnern der Reform gehören, finden Sie mit diesem Ratgeber leicht heraus. Das gilt sowohl für Wohngebäude als auch für gewerblich oder freiberuflich genutzte Immobilien.

- Was erforderte die Reform?
- Was ändert sich konkret?
- Wie lässt sich berechnen, ob Sie zu den Gewinnern oder Verlierern gehören?
- Was verbirgt sich hinter dem „Vereinfachten Ertragswertverfahren"?
- Wann gilt das Sachwertverfahren?
- Wie berechnet sich der Grundsteuerwert im Sachwertverfahren?
- Wie werden Sonderfälle, wie beispielsweise das Erbbaurecht, bewertet?
- Warum ist die Grundstücksart wichtig?
- Wird das Finanzamt eine Erklärung verlangen?
- Wie lassen sich eventuelle Abweichungen für Ihre Region erkennen und die Bedeutung der Länderöffnungsklausel verstehen?

Der Ratgeber liefert Ihnen Antworten. Erfahren Sie Einzelheiten zu den Berechnungen sowie einige wichtige Hintergrundinformationen zur Reform, um feststellen zu können, ob die Grundsteuer in der richtigen Höhe festgesetzt wird.

Wilfried Mannek

Abkürzungen

Abs.	Absatz
abzgl.	abzüglich
Art.	Artikel
Az.	Aktenzeichen
BewG	Bewertungsgesetz
BGBl.	Bundesgesetzblatt
GG	Grundgesetz
NHK	Normalherstellungskosten
qm	Quadratmeter
WoFG	Wohnraumförderungsgesetz
zzgl.	zuzüglich

Die Einheitsbewertung ist verfassungswidrig

Bundesverfassungsgericht fordert Reform 10

Wann ist die neue Erklärung abzugeben? 12

Bundesverfassungsgericht stellt
neue Anforderungen 14

Fehlende Wertminderung seit 01.01.1964 15

So wirkt sich die Reform auf Mieten aus 19

Vielzahl von Möglichkeiten einer Reform
der Grundsteuer 21

Bisherige Regelungen 22

Bundesverfassungsgericht fordert Reform

Die Reform der Grundsteuer war schon lange überfällig. Das liegt an der veralteten Art, wie die Grundsteuer bislang erhoben wird. Maßgebend sind nach bisherigem Recht die sogenannten Einheitswerte, die sich – auch heute noch – nach den Wertverhältnissen vom 01.01.1964 richten. Das wäre für sich allein noch nicht unbedingt fatal. Denn wenn alle Grundstücke nach denselben veralteten Wertverhältnissen bewertet werden, resultiert daraus noch kein zwingender Verstoß gegen den Gleichheitssatz nach Art. 3 des Grundgesetzes (GG).

Davon müsste jedoch ausgegangen werden, wenn einzelne Wirtschaftsgüter mit dem alten Einheitswert und andere Wirtschaftsgüter mit dem aktuellen Verkehrswert zu bewerten wären. Das ist bei der Grundsteuer nicht der Fall. Hier werden ausschließlich Grundstücke der Grundsteuer unterworfen. Andere Wirtschaftsgüter unterliegen nicht der Grundsteuer.

Anders ist das beispielsweise bei der Erbschaft-/Schenkungsteuer. Hier wird die Bereicherung durch einen Erwerb von Todes wegen oder durch eine Schenkung unter Lebenden besteuert, wobei neben Grundstücken auch andere Wirtschaftsgüter übertragen werden. Bei der Erbschaft-/Schenkungsteuer müssen alle Wirtschaftsgüter mit einer einheitlichen Bemessungsgrundlage bewertet werden.

Deshalb hat das Bundesverfassungsgericht bei der Erbschaft-/Schenkungsteuer bereits 1995 festgestellt, dass es gegen den Gleichheitssatz des Art. 3 GG verstößt, wenn Grundstücke mit den veralteten und niedrigen Einheitswerten und andere Wirtschaftsgüter, zum Beispiel Aktien, mit dem aktuellen Tageskurswert angesetzt werden. Die Einheitswerte gelten daher bei der Erbschaft-/Schenkungsteuer schon lange nicht mehr.

Nun gilt dies auch für die Grundsteuer. Mit dem Urteil vom 18.04.2018 hat es das Bundesverfassungsgericht bei der Grundsteuer abgelehnt, die Einheitswerte nach den Wertverhältnissen vom 01.01.1964 zu verwenden.

1

> **Hinweis:**
>
> Die Urteile des Bundesverfassungsgerichts vom 18.04.2018 (Az. 1 BvL 11/14, 1 BvR 889/12, 1 BvR 639/11, 1 BvL 1/15, 1 BvL 12/14) finden Sie im Bundesgesetzblatt (BGBl.) 2018 Teil I, S. 531.

Im Wesentlichen lassen sich die Kernaussagen des Bundesverfassungsgerichts wie folgt zusammenfassen:

- Die Einheitsbewertung für bebaute Grundstücke ist seit dem 01.01.2002 unvereinbar mit dem Gleichheitssatz des Grundgesetzes. Das Datum hat in der Praxis keine Relevanz, weil die Einheitsbewertung zunächst weiter angewendet werden darf.

- Der Gesetzgeber ist verpflichtet, spätestens bis zum 31.12.2019 eine Neuregelung zu treffen. Bis zu diesem Zeitpunkt dürfen die als unvereinbar mit dem Grundgesetz festgestellten Regeln über die Einheitsbewertung weiter angewandt werden.

- Nach Verkündung einer Neuregelung dürfen die beanstandeten Regelungen für weitere fünf Jahre ab der Verkündung, längstens aber bis zum 31.12.2024 angewandt werden. Damit hat die Finanzverwaltung einen zeitlichen Puffer, um die erheblichen Arbeiten vorzubereiten, damit die neue Grundsteuer lückenlos erhoben werden kann.

Mit den engen zeitlichen Vorgaben stand der Gesetzgeber angesichts der bisher sehr kontrovers geführten Diskussionen zeitlich unter erheblichem Druck. Da von der Reform alle Bürgerinnen und Bürger – entweder als Eigentümer oder als Mieter – betroffen sind, muss die Belastungsentscheidung nicht nur überzeugend begründet werden können, sondern auch den verfassungsrechtlichen Anforderungen standhalten.

Die Grundsteuer hat für die kommunalen Haushalte eine enorme Bedeutung. Nach der Gewerbesteuer und dem Gemeindeanteil an der Einkommensteuer stellt die Grundsteuer die drittgrößte

Einnahmequelle der Kommunen dar. Das weitgehend stabile Gesamtaufkommen der Grundsteuer A und B betrug im Jahr 2017 bundesweit rund 14 Milliarden Euro.

1

Wichtig: Für Betriebe der Land- und Forstwirtschaft ist die „Grundsteuer A" zu zahlen. Für Grundstücke des Grundvermögens, wie beispielsweise Einfamilienhäuser, Mietwohngrundstücke oder Geschäftsgrundstücke, ist die „Grundsteuer B" zu zahlen.

> **Hinweis:**
>
> Mit der Reform der Grundsteuer verfolgt der Gesetzgeber keine Veränderung des Grundsteueraufkommens. Das Aufkommen soll somit nicht steigen. Allerdings darf diese Aussage nicht mit „Belastungsneutralität" verwechselt werden. Denn die in der Einheitsbewertung bestehenden Wertverzerrungen müssen beseitigt werden. Somit haben manche Eigentümer bislang zu viel, andere zu wenig Grundsteuer gezahlt.

Wann ist die neue Erklärung abzugeben?

Zurzeit brauchen Sie noch keine Erklärung abzugeben, denn die nächste Hauptfeststellung ist erst am 01.01.2022 durchzuführen. Aber auch am 01.01.2022 wird das Finanzamt voraussichtlich noch keine Erklärung verlangen. Zuvor muss die Finanzverwaltung erst die programmtechnischen Leistungen fertigstellen, damit die Erklärungen überhaupt entgegengenommen werden können.

Grundsätzlich sollen alle Eigentümer die Erklärung online per ELSTER abgeben. In „Härtefällen" ist aber auch eine Papiererklärung möglich. Wenn Sie also beispielsweise keinen Computer besitzen, können Sie nicht dazu verpflichtet werden, die Erklärung online abzugeben.

Den Zeitpunkt, zu dem alle Eigentümer von Grundstücken Erklärungen abzugeben haben, wird die Finanzverwaltung öffentlich bekannt machen. Das wird zweifellos mit einer Berichterstattung durch die Presse begleitet werden. Voraussichtlich wird dieser Zeitpunkt erst im Jahr 2022 liegen.

Anschließend erhalten Sie einen Bescheid über den neuen Grundsteuerwert zum 01.01.2022. Auf dieser Grundlage wird auch der davon abhängige Grundsteuermessbetrag veranlagt. Auch für den Grundsteuermessbetrag erhalten Sie einen Bescheid. Dieser wird aber erst ab dem 01.01.2025 wirksam. Erst zum 01.01.2025 werden Sie von der Kommune einen Grundsteuerbescheid erhalten, der die Steuer mit den neuen Bemessungsgrundlagen berechnet.

1

Fazit:

Im Moment brauchen Sie nichts zu veranlassen. Zwar sorgen die Reformdiskussionen für viel Unruhe und Unsicherheit. Aber im Moment bleibt lediglich abzuwarten, dass die Finanzverwaltung die Programmleistungen erbringt, um die Erklärungen entgegennehmen zu können. Sie können die Zeit nutzen, um zu ermitteln, ob Sie künftig von der Grundsteuerreform profitieren.

Aber: Falls das Bundesland, in dem Ihr Grundstück liegt, von der Länderöffnungsklausel Gebrauch macht, kann insoweit – im Extremfall – ein völlig anderes Grundsteuersystem eingeführt werden. Die Frage, ob und ggf. welches Bundesland die Länderöffnungsklausel nutzen wird, steht derzeit noch nicht fest. Viel Zeit bleibt den Ländern jedoch nicht mehr, um diese Entscheidung zu treffen. Denn die scheinbar langen Fristen bis zur erstmaligen Erhebung der Grundsteuer nach neuem Recht sind erforderlich, damit die Finanzverwaltung die Neubewertung aller 36 Mio. wirtschaftlicher Einheiten rechtzeitig abwickeln kann.

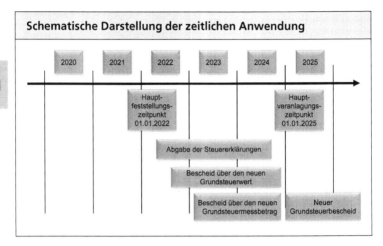

1

Bundesverfassungsgericht stellt neue Anforderungen

Das Bundesverfassungsgericht hat die Anforderungen beschrieben, an denen sich eine Neuregelung messen lassen muss. Bei der Neuregelung steht dem Gesetzgeber ein weiter Gestaltungsspielraum bei der Bestimmung des Steuergegenstands und des Steuersatzes zur Verfügung. Obwohl das Bundesverfassungsgericht gerade in Massenverfahren einen großen Typisierungs- und Pauschalierungsspielraum hinnimmt, deckt dies aber nicht die Inkaufnahme eines dysfunktionalen Bewertungssystems. Vielmehr muss der Gesetzgeber nicht nur eine Belastungsentscheidung treffen, sondern auch begründen und folgerichtig umsetzen.

Das Bundesverfassungsgericht hat die kurze Frist für den Gesetzgeber insbesondere damit begründet, dass ihn die Notwendigkeit einer Neuregelung nicht unvorbereitet trifft. Denn in jahrzehntelangen Reformbemühungen um die Grundsteuer wurden verschiedene Modelle erörtert und durchgerechnet. In der vergangenen Legislaturperiode wurde mit Unterstützung einer großen Mehrheit der Länder mit dem Kostenwertmodell ein konkreter Gesetzentwurf zur Neuregelung der Bewertung des Grundbesitzes in den Bundesrat eingebracht, der allerdings vom Bundestag nicht beraten worden ist.

Wertverzerrungen sind ursächlich für den Verfassungsverstoß

1

Im Wesentlichen sind dafür Wertverzerrungen verantwortlich, die zwischen den sogenannten Grundstücksarten im Laufe der Jahrzehnte eingetreten sind. So hat sich beispielsweise das Niveau der Verkehrswerte von Einfamilienhäusern zwischen 1964 und heute anders entwickelt als das Verkehrswertniveau von Mietwohngrundstücken, unbebauten Grundstücken oder Geschäftsgrundstücken.

Zudem war die Wertentwicklung auch in den verschiedenen Regionen Deutschlands unterschiedlich. Seit 1964 weist zum Beispiel das Ruhrgebiet nicht dieselbe Wertentwicklung auf wie etwa Hamburg oder München.

Fehlende Wertminderung seit 01.01.1964

Neben den Wertverzerrungen trägt die unzureichende Berücksichtigung des Alters der Gebäude entscheidend dazu bei, dass die Grundsteuer nicht gleichheitsgerecht erhoben werden kann.

Beispiel:

Ein Einfamilienhaus wurde im Jahr 1964 errichtet und hat einen (in Euro umgerechneten) Einheitswert von 30.000 Euro.

Ein im Wesentlichen baugleiches Einfamilienhaus in der Nachbarschaft wurde bereits viele Jahre zuvor errichtet. Der Einheitswert für dieses wesentlich ältere Einfamilienhaus beträgt lediglich 22.000 Euro. Ursächlich hierfür ist die Tatsache, dass bei der Ermittlung des Einheitswerts eine Wertminderung zwischen dem Jahr der Bezugsfertigkeit und dem Hauptfeststellungszeitpunkt 01.01.1964 abgezogen werden muss.

1

> Ein Einfamilienhaus, das heute bezugsfertig errichtet wird, hat möglicherweise die gleichen Bewertungsparameter wie Grundstücksgröße und Wohnfläche wie die beiden zuvor genannten Einfamilienhäuser. Demnach beträgt der Einheitswert für das im Jahr 2020 errichtete Einfamilienhaus ebenfalls lediglich 30.000 Euro.

Damit ist klar, dass für ein im Jahr 1964 errichtetes Gebäude derselbe Einheitswert gilt wie für ein im Jahr 2020 baugleiches. Denn für nach dem 01.01.1964 errichtete Gebäude wird keine Alterswertminderung abgezogen.

Hinweis:

In der Praxis wird für ein neues Haus mit dem Baujahr 2020 tendenziell ein höherer Einheitswert gelten als für ältere Gebäude. Denn die zwischenzeitlich zwingend einzuhaltenden energetischen und rechtlichen Vorgaben führen dazu, dass aktuell errichtete Gebäude über eine gute Grundausstattung verfügen. Sie sind in keiner Weise baugleich mit einem im Jahr 1964 oder früher errichteten Gebäude. 1964 war beispielsweise die Mehrfach-Isolierverglasung nach heutigem Standard schlicht noch nicht erfunden.

Besonderheit: Neue Länder

Die Grundsteuer wird in Deutschland seit der Wiedervereinigung vor rund 30 Jahren in den alten und neuen Ländern nach verschiedenen Regeln erhoben.

Mit der Wiedervereinigung mussten möglichst rasch angeglichene Rechtsverhältnisse in den alten und neuen Ländern geschaffen werden. Die Grundsteuer war insofern besonders problematisch, weil in den neuen Ländern eine allgemeine Bewertung aller Grundstücke zum 01.01.1964 fehlte. Ein derartiges Großprojekt konnte – insbesondere angesichts der Vielzahl weiterer Aufgaben, die im Rahmen der Wiedervereinigung von den neuen Ländern zu meistern waren – nicht ohne Weiteres realisiert werden.

In den neuen Ländern gilt eine sogenannte Ersatzbemessungsgrundlage bzw. die Einheitsbewertung der vorletzten Hauptfeststellung zum 01.01.1935. Dieser provisorisch erscheinende Rechtszustand einer uneinheitlichen Grundsteuerbemessung in einem geeinten Deutschland wurde im Laufe der Jahre hingenommen. Auch rund 30 Jahre nach der Wiedervereinigung besteht dieser Rechtszustand unverändert.

Trotz der unterschiedlichen Grundsteuererhebung in Deutschland hat das Bundesverfassungsgericht in seiner Entscheidung vom 18.04.2018 nur in den alten Ländern einen Verstoß gegen den Gleichheitssatz des Art. 3 GG beanstandet. Somit sind – streng genommen – nur die Einheitswerte in den alten Ländern nicht mehr für eine Grundsteuererhebung geeignet. Allerdings musste es sich geradezu aufdrängen, dass der Gesetzgeber die Gelegenheit für eine grundlegende Reform der Grundsteuer im gesamten Bundesgebiet nutzt.

Land- und Forstwirtschaft

Das Bundesverfassungsgericht hat zur Einheitsbewertung für die Betriebe der Land- und Forstwirtschaft keine Aussage getroffen. Streng genommen bedeutet das, dass die Grundsteuererhebung für Betriebe der Land- und Forstwirtschaft dem Gleichheitssatz des Art. 3 GG entspricht. Diese Vorstellung dürfte jedoch nicht der Realität entsprechen.

Die vorgelegten Streitfälle beim Bundesverfassungsgericht bezogen sich lediglich auf Grundstücke, die zum Grundvermögen gehörten. Das land- und forstwirtschaftliche Vermögen war also schlicht nicht betroffen. Ferner lagen die Grundstücke ausschließlich in den alten Ländern.

Im Ergebnis wäre es jedoch überraschend, wenn das Bundesverfassungsgericht zur Grundsteuerbemessung bei Grundstücken in den neuen Ländern und bei Betrieben der Land- und Forstwirtschaft eine andere Auffassung vertreten würde. Somit ist es sehr zu begrüßen, dass der Gesetzgeber auch diese Bereiche mit in die Grundsteuerreform einbezogen hat. Er hat insoweit von vornherein für Rechtssicherheit gesorgt.

1 ## Wie funktioniert die Einheitsbewertung?

Bisher erfolgte die Erhebung der Grundsteuer nach den alten Einheitswerten vom 01.01.1964 in einem dreistufigen Verfahren:

Grundsteuererhebung bei der Einheitsbewertung			
Stufe	**Berechnungsschritte der Grundsteuer**	**Verwaltungs- akt**	**Zuständige Stelle**
1	Bemessungsgrund- lage = Einheitswert	Einheitswert- bescheid nach den Wertver- hältnissen vom 01.01.1964	Finanzamt
2	x Grundsteuer- messzahl (z. B. 3,1 ‰) = Grundsteuer- messbetrag	Grundsteuer- messbetrags- bescheid	Finanzamt
3	x Hebesatz = Grundsteuer	Grundsteuer- bescheid	Kommune

Für die beiden ersten Stufen ist das Finanzamt zuständig. Somit erteilte das Finanzamt einen Einheitswertbescheid und einen separaten Grundsteuermessbetragsbescheid. Für die dritte Stufe ist die Kommune zuständig. Diese erteilt den Grundsteuerbescheid, indem sie den Grundsteuermessbetrag mit dem in der Gemeinde festgelegten Hebesatz multipliziert.

Das Recht der Kommunen, den Hebesatz bestimmen zu können, ist verfassungsrechtlich garantiert.

Wie funktioniert die künftige Grundsteuer?

Die Erhebung der Grundsteuer nach dem Bundesmodell erfolgt künftig ebenfalls in einem dreistufigen Verfahren:

Grundsteuererhebung nach der Reform			
Stufe	Berechnungsschritte der Grundsteuer	Verwaltungs- akt	Zuständige Stelle
1	Bemessungsgrund- lage = Grundsteuerwert	Grundsteuer- wert nach den Wertverhältnis- sen 01.01.2022	Finanzamt
2	x Grundsteuer- messzahl (0,34 ‰) = Grundsteuer- messbetrag	Grundsteuer- messbetragsbe- scheid	Finanzamt
3	x Hebesatz = Grundsteuer	Grundsteuer- bescheid	Kommune

Für die beiden ersten Stufen ist das Finanzamt zuständig. Somit erteilt das Finanzamt je einen Bescheid über den Grundsteuerwert und den Grundsteuermessbetrag. Für die dritte Stufe ist die Kommune zuständig. Sie erteilt – wie bisher – den Grundsteuerbescheid.

Das Recht zur Bestimmung des Hebesatzes ist unverändert verfassungsrechtlich zugunsten der Kommunen garantiert.

So wirkt sich die Reform auf Mieten aus

Auch nach der Reform darf der Vermieter die Grundsteuer auf die Mieter umlegen. Das ergibt sich aus der Betriebskostenverordnung, die im Rahmen der Grundsteuerreform nicht geändert wurde.

Im Allgemeinen haben die Mieter dem Vermieter die Nebenkosten als monatliche Vorauszahlungen zu zahlen. Ist allerdings das Abrechnungsjahr vorbei, muss der Vermieter die Nebenkosten mit den Mietern abrechnen und kann dabei nur eine Erstattung der ihm tatsächlich entstandenen Nebenkosten verlangen.

Als Mieter sollten Sie die Nebenkostenabrechnung stets prüfen. Das gilt künftig umso mehr für die Grundsteuer. Denn wenn der Vermieter hier einen falschen Steuerbescheid akzeptieren würde, wäre der Mieter der Leidtragende.

1

> **Hinweis:**
>
> Berechnen Sie den neuen Grundsteuerwert Ihres Mietobjekts. Der Hebesatz der Kommune ist ebenfalls öffentlich zugänglich. Auf diese Weise können Sie mithilfe der Berechnungsbeispiele (vgl. Kapitel 11) prüfen, ob der gegen den Vermieter gerichtete Steuerbescheid zutreffend ist. Falls Sie hier Abweichungen feststellen, müssen Sie den Vermieter auffordern, diese aufzuklären.

Achten Sie bei der Umlegung der Grundsteuer auf die Mieter insbesondere auf diese Punkte:

- Eine wichtige Stellschraube ist die Wohnfläche. Der Vermieter muss diese Ihnen als Mieter gegenüber zutreffend ausweisen. Die zugrunde gelegte Wohnfläche muss mit der Wohnfläche übereinstimmen, die bei der Bewertung des Grundstücks zugrunde gelegt wird.

- Als Mieter sollten Sie auch darauf achten, dass beispielsweise die Grundsteuer für einen Parkplatz, der den neuen Grundsteuerwert erhöht, nicht auf Sie umgelegt werden kann, wenn Sie gar keinen Parkplatz nutzen dürfen. Wenn Sie eine Wohnung mieten und zu dem Haus auch gewerblich genutzte Flächen gehören, sollten Sie als Mieter nur die Grundsteuerbeträge akzeptieren, die auf die von Ihnen genutzte Wohnfläche entfällt. Bei den gewerblichen Flächen ist die Nutzfläche maßgebend. Hierzu können beispielsweise auch Kellerräume gehören.

- Lassen Sie sich im Zweifel vom Vermieter nachweisen, ob er bei der Abrechnung der Nebenkosten einen plausiblen Verteilungsschlüssel angewendet hat. Möglicherweise ist im Mietvertrag ein bestimmter Umlagemaßstab vereinbart, der bei der Abrechnung maßgebend sein soll. Fehlt eine derartige Vereinbarung, ist grundsätzlich die Wohnfläche maßgebend.

- Wenn bei der Abrechnung etwas fehlerhaft ist, sprechen Sie zuerst den Vermieter an. Kommen Sie dabei nicht weiter, sollten Sie sich fachkundigen Rat bei einem Anwalt oder einem Mieterverein einholen.

1

Vielzahl von Möglichkeiten einer Reform der Grundsteuer

Rechtfertigung der Steuer

Der Staat kann Steuer nicht einfach deshalb von den Bürgerinnen und Bürgern verlangen, weil er Einnahmen braucht, sondern es bedarf für die Erhebung von Steuern einer Rechtfertigung. Dennoch wird selten in der Öffentlichkeit ausgiebig über die Rechtfertigung einer Steuer diskutiert. Das liegt zweifellos daran, dass viele Steuerarten seit vielen Jahren existieren, so dass eine Diskussion über den Rechtfertigungsgrund müßig erscheint.

Leistungsfähigkeitsprinzip

Die Grundsteuer wird seit vielen Jahren wertabhängig erhoben. Die Rechtfertigung der Wertabhängigkeit wird im Allgemeinen in der Leistungsfähigkeit gesehen, die dem Wert des Grundstücks innewohnt.

Die Diskussion über die Rechtfertigung der Grundsteuer ist jedoch im Rahmen der Reform intensiv neu entbrannt. Mit ausführlich dargelegten Gründen haben sich Befürworter der Länderöffnungsklausel zum Teil für eine andere Rechtfertigung ausgesprochen: für das sogenannte Äquivalenzprinzip.

Äquivalenzprinzip

Die Rechtfertigung der Grundsteuer durch das Äquivalenzprinzip ist neu, die verfassungsrechtliche Tauglichkeit ist daher nicht erprobt. Es bestehen keine Erfahrungen, wie das Bundesverfassungsgericht oder die Länderverfassungsgerichte sich zu diesem Ansatz verhalten werden.

1

Unter Berücksichtigung des Gleichheitssatzes von Art. 3 GG wird letztlich zu würdigen sein, ob eine „definierte" Gleichbehandlung – entsprechend der vom Gesetzgeber dargelegten Rechtfertigung – oder eine „allgemein empfundene" Gleichheit bei einer künftigen eventuellen verfassungsrechtlichen Überprüfung ausschlaggebend sein wird.

Bisherige Regelungen

Die Bemessungsgrundlage der Grundsteuer knüpft derzeit an die Einheitswerte an. Der Gesetzgeber verfolgte damit ursprünglich ein Konzept einer mehrfachen Verwendung der Bewertungsgrundlagen für verschiedene Steuern durch turnusmäßige Neubewertungen des Grundbesitzes (Hauptfeststellungen). Der nach § 21 Abs. 1 BewG normierte Turnus von sechs Jahren für eine neue Hauptfeststellung wurde jedoch ausgesetzt. Infolgedessen liegen den Einheitswerten in den alten Ländern weiterhin die Wertverhältnisse der letzten Hauptfeststellung zum 01.01.1964 zugrunde.

Für Grundstücke in den neuen Ländern gelten weiterhin die Einheitswerte, die nach den Wertverhältnissen zum 01.01.1935 festgestellt sind oder noch festgestellt werden. Daneben kommt für Mietwohngrundstücke und Einfamilienhäuser, für die ein im Veranlagungszeitpunkt für die Grundsteuer maßgebender Einheitswert 1935 nicht festgestellt wurde oder festzustellen ist, eine Ersatzbemessungsgrundlage zur Anwendung.

Für Fortschreibungen und Nachfeststellungen im laufenden Hauptfeststellungszeitraum sind die Wertverhältnisse der vorgenannten Hauptfeststellungszeitpunkte zugrunde zu legen.

Reform der Grundsteuer nach dem Bundesmodell

Umfang des Grundvermögens 24

Land- und forstwirtschaftliches Vermögen 25

Grundstücksarten 28

Abgrenzung der Bewertungsverfahren 32

2

Umfang des Grundvermögens

Wirtschaftliche Einheit

Grundsteuer wird für eine „wirtschaftliche Einheit" des Grundvermögens festgesetzt. Deshalb muss zunächst bestimmt werden, was eine wirtschaftliche Einheit ist. Der Gesetzgeber nennt die wirtschaftliche Einheit „Grundstück" – egal, ob es bebaut oder unbebaut ist.

Der Begriff der wirtschaftlichen Einheit ist im Allgemeinen unproblematisch. Wenn Sie beispielsweise ein Einfamilienhaus besitzen, bildet es die wirtschaftliche Einheit, die zu bewerten und für die Grundsteuer festzusetzen ist. Zum Einfamilienhaus und somit zur wirtschaftlichen Einheit gehört alles, was Sie bei einem Verkauf üblicherweise zusammen mit dem Einfamilienhaus verkaufen.

Gehört zum Einfamilienhaus beispielsweise eine kleine angrenzende Fläche von wenigen Quadratmetern, die nicht gesondert bebaut oder verkauft werden kann, bildet es zusammen mit dem Einfamilienhaus eine einzige wirtschaftliche Einheit. Das gilt auch dann, wenn das Katasteramt eine eigene Flurstücksnummer vergibt.

Der Umfang der wirtschaftlichen Einheit beantwortet also auch die Frage, was genau bewertet werden soll.

> **Hinweis:**
> Sie können davon ausgehen, dass die künftig vom Finanzamt zu bestimmende wirtschaftliche Einheit mit der Entscheidung übereinstimmt, die bereits im Rahmen der Einheitsbewertung nach den Wertverhältnissen vom 01.01.1964 festgelegt wurde.

Allerdings ist zu beachten, dass ein Anteil des Eigentümers eines Grundstücks an anderem Grundvermögen in die wirtschaftliche Einheit Grundstück einzubeziehen ist, wenn der Anteil zusammen mit dem Grundstück genutzt wird. Hierbei handelt es sich zum Beispiel um gemeinschaftliche Hofflächen oder Garagen, die zusammen mit einem Einfamilienhaus genutzt werden.

Als Grundstück und damit als wirtschaftliche Einheit gelten aufgrund der gesetzlichen Vorgabe auch:

- das Erbbaurecht zusammen mit dem Erbbaurechtsgrundstück

- ein Gebäude auf fremdem Grund und Boden zusammen mit dem dazugehörenden Grund und Boden

- jedes Wohnungseigentum und Teileigentum nach dem Wohnungseigentumsgesetz

- beim Wohnungserbbaurecht und beim Teilerbbaurecht das Erbbaurecht zusammen mit dem belasteten Grund und Boden

Wichtig: Grundsteuerwerte werden nur für inländischen Grundbesitz festgestellt. Für ausländische Grundstücke ist keine Grundsteuer zu entrichten.

Zusätzlich hängt die konkrete Bewertung von der Zugehörigkeit zu einer der beiden gesetzlich vorgegebenen Vermögensarten ab. Das Bewertungsgesetz unterscheidet insoweit zwei Vermögensarten:

- Land- und forstwirtschaftliches Vermögen

- Grundvermögen

Land- und forstwirtschaftliches Vermögen

Die wirtschaftliche Einheit des land- und forstwirtschaftlichen Vermögens nennt der Gesetzgeber „Betrieb der Land- und Forstwirtschaft".

Zum Betrieb der Land- und Forstwirtschaft gehört der klassische Bauernhof mit Scheunen, Wirtschaftsgebäuden und Ställen einschließlich der dazu gehörenden Ländereien.

Die Wohnung des Betriebsinhabers gehört nach der Grundsteuerreform nicht mehr zum land- und forstwirtschaftlichen Vermögen. Der Grund: Die modernen Bewirtschaftungsformen erfordern keine ständige Anwesenheit des Betriebsinhabers. Deshalb gehört die Wohnung des Landwirts zum Grundvermögen. Die Folge: Künftig ist für die Wohnung des Betriebsinhabers die – höhere – Grundsteuer B zu entrichten.

Der Begriff der wirtschaftlichen Einheit soll mit folgenden typischen Beispielen veranschaulicht werden:

2

Beispiel 1:

Sie sind Eigentümer eines Einfamilienhauses. Das Haus steht auf dem Flurstück Nr. 78. Ihnen gehört ebenfalls ein angrenzendes Flurstück mit der Nr. 79, das größenmäßig von untergeordneter Bedeutung ist und direkt an Ihr Einfamilienhausgrundstück angrenzt.

Beide Flurstücke bilden eine wirtschaftliche Einheit im Sinne des Bewertungsgesetzes. In der Praxis werden die beiden Flurstücke regelmäßig auf einem Grundbuchblatt eingetragen, so dass der bewertungsrechtliche Begriff der wirtschaftlichen Einheit – in diesem Fall – identisch ist mit dem zivilrechtlichen Grundstücksbegriff.

Beispiel 2:

An einer Straße befinden sich mehrere nebeneinander liegende Einfamilienhausgrundstücke, die in freistehender Bauweise errichtet worden sind. Sie sind Eigentümer eines Einfamilienhauses sowie eines angrenzenden Flurstücks. Das angrenzende Flurstück ist nicht bebaut, laut Bebauungsplan aber ebenfalls zur Errichtung eines freistehenden Einfamilienhauses vorgesehen. Sie nutzen die unbebaute Fläche als Garten für Ihr Einfamilienhaus, so dass Sie über ein insgesamt großes Areal verfügen.

Obwohl Sie beide Flurstücke gemeinschaftlich nutzen, liegen zwei wirtschaftliche Einheiten im Sinne des Bewertungsgesetzes vor. Es handelt sich hierbei um eine klassische Baulücke. Nach den Anschauungen des Verkehrs können Sie die unbebaute Fläche jederzeit veräußern und mit einem selbstständigen Einfamilienhaus bebauen.

2

Beispiel 3:

An einer Straße liegen mehrere nebeneinander errichtete freistehende Einfamilienhäuser. Auf der gegenüberliegenden Straßenseite Ihres Einfamilienhauses haben Sie eine kleine Fläche erworben, die Sie als Garten gemeinsam mit Ihrem Einfamilienhaus nutzen.

Es handelt sich um zwei wirtschaftliche Einheiten: Auf der einen Seite ist Ihr Einfamilienhausgrundstück, auf der anderen Straßenseite Ihr unbebautes Grundstück zu bewerten. Obwohl Sie beide Grundstücke gemeinsam nutzen, liegen zwei wirtschaftliche Einheiten vor. Denn die Verkehrsauffassung sieht auf unterschiedlichen Straßenseiten liegende Grundstücke nicht als eine wirtschaftliche Einheit an.

Beispiel 4:

An einer Straße befindet sich Ihr Einfamilienhausgrundstück. Auf der gegenüberliegenden Seite haben Sie eine zusätzliche Fläche erworben und dort eine Garage errichtet, die Sie gemeinsam mit Ihrem Einfamilienhaus nutzen.

Es liegt eine wirtschaftliche Einheit vor, obwohl das Garagengrundstück auf der gegenüberliegenden Straßenseite liegt. Nach Anschauung des Verkehrs gehört zu einem Einfamilienhausgrundstück eine Garage. Diese muss nicht zwingend auf demselben Flurstück liegen.

In der Praxis kann fraglich sein, wie groß die Entfernung zum Einfamilienhausgrundstück sein darf, damit die Anschauung des Verkehrs von einer wirtschaftlichen Einheit ausgeht. Dies wird in der Großstadt eine größere Entfernung sein als auf dem Land.

Beispiel 5:

Auf einem Flurstück befindet sich ein Gebäude mit sechs Wohnungen.

Es handelt sich um eine wirtschaftliche Einheit mit sechs Wohnungen, die der Grundstücksart „Mietwohngrundstück" zuzuordnen ist.

2

Beispiel 6:

Auf einem Flurstück steht ein Gebäude mit sechs Wohnungen, die in Wohnungseigentumsrechte aufgeteilt worden sind. Hierfür wurden sechs verschiedene Wohnungseigentumsgrundbuchblätter angelegt.

Obwohl sich das Gebäude auf nur einem Flurstück befindet, liegen bewertungsrechtlich sechs verschiedene wirtschaftliche Einheiten vor. Jede einzelne Eigentumswohnung gilt nach Verkehrsauffassung als eine wirtschaftliche Einheit, die sofort veräußert werden kann.

Im Gegensatz zum Mietwohngrundstück, das nur eine wirtschaftliche Einheit darstellt, kommt es bei Eigentumswohnungen auf die tatsächliche Eintragung im Wohnungsgrundbuch an. Die bei Mietwohngrundstücken – lediglich abstrakt – bestehende Möglichkeit, jederzeit eine Teilungserklärung abzugeben und dafür zu sorgen, dass sechs einzelne Eigentumswohnungen entstehen, reicht für die Annahme von einzelnen wirtschaftlichen Einheiten noch nicht aus.

Grundstücksarten

Sie können den Grundsteuerwert nur ermitteln, wenn Sie die wirtschaftliche Einheit zunächst einer sogenannten Grundstücksart zuordnen. Von der Grundstücksart hängt anschließend ab, in welchem Bewertungsverfahren Sie das Grundstück zu bewerten haben. Das ist bei bebauten Grundstücken entweder das vereinfachte Ertragswertverfahren oder das Sachwertverfahren.

Die Grundstücksarten sind gesetzlich vorgegeben. Es gelten folgende Grundstücksarten:

- Einfamilienhäuser

- Zweifamilienhäuser

- Mietwohngrundstücke

- Wohnungseigentum

- Teileigentum

- Geschäftsgrundstücke

- gemischt genutzte Grundstücke

- sonstige bebaute Grundstücke

Wichtig: Die Grundstücksart gehört zum Gegenstand der förmlichen Feststellung. Sie hat Grundlagencharakter. Das bedeutet, Sie müssen die Grundstücksart sofort prüfen und den Feststellungsbescheid möglicherweise gegenüber dem Finanzamt mit einem Einspruch anfechten. Wenn Sie erst gegen den Folgebescheid, also den Grundsteuerbescheid vorgehen, ist es zu spät.

2

Praxis-Tipp:

Von der Grundstücksart hängt das Bewertungsverfahren ab. Die Feststellung der Grundstücksart ist also bedeutsam für das Bewertungsverfahren und im Ergebnis auch für die Höhe des festzustellen Grundsteuerwerts sowie der davon abhängigen Grundsteuer.

Definitionen der Grundstücksarten

Die Grundstücksarten sind wie folgt definiert:

- Einfamilienhäuser sind Wohngrundstücke, die eine Wohnung enthalten und kein Wohnungseigentum sind. Ein Grundstück gilt auch dann als Einfamilienhaus, wenn es zu weniger als 50 Prozent der Wohn- und Nutzfläche zu anderen als Wohnzwecken mitbenutzt und dadurch die Eigenart als Einfamilienhaus nicht wesentlich beeinträchtigt wird.

- Zweifamilienhäuser sind Wohngrundstücke, die zwei Wohnungen enthalten und kein Wohnungseigentum sind. Ein Grundstück gilt auch dann als Zweifamilienhaus, wenn es zu weniger als 50 Prozent der Wohn- und Nutzfläche zu anderen als Wohnzwecken mitbenutzt und dadurch die Eigenart als Zweifamilienhaus nicht wesentlich beeinträchtigt wird.

- Mietwohngrundstücke sind Grundstücke, die zu mehr als 80 Prozent der Wohn- und Nutzfläche Wohnzwecken dienen, und nicht Ein- und Zweifamilienhäuser oder Wohnungseigentum sind.

- Wohnungseigentum ist das Sondereigentum an einer Wohnung in Verbindung mit dem Miteigentumsanteil an dem gemeinschaftlichen Eigentum, zu dem es gehört.

2

- Teileigentum ist das Sondereigentum an nicht zu Wohnzwecken dienenden Räumen eines Gebäudes in Verbindung mit dem Miteigentum an dem gemeinschaftlichen Eigentum, zu dem es gehört.

- Geschäftsgrundstücke sind Grundstücke, die zu mehr als 80 Prozent der Wohn- und Nutzfläche eigenen oder fremden betrieblichen oder öffentlichen Zwecken dienen und nicht Teileigentum sind.

- Gemischt genutzte Grundstücke sind Grundstücke, die teils Wohnzwecken, teils eigenen oder fremden betrieblichen oder öffentlichen Zwecken dienen und nicht Ein- und Zweifamilienhäuser, Mietwohngrundstücke, Wohnungseigentum, Teileigentum oder Geschäftsgrundstücke sind.

Beispiel:

Zu den gemischt genutzten Grundstücken gehört ein Mehrfamilienhaus, das auch Laden- und Gewerberäume enthält und zu mehr als 20 Prozent, aber weniger als 80 Prozent nach der Wohn- und Nutzfläche betrieblichen oder öffentlichen Zwecken dient.

- Sonstige bebaute Grundstücke sind solche Grundstücke, die nicht unter die vorgenannten Definitionen fallen.

Beispiel:

Zu den sonstigen bebauten Grundstücken zählen insbesondere Gebäude, die nicht betrieblich und nicht zu Wohnzwecken genutzt werden, wie beispielsweise private Bootshäuser.

Wann bilden Wohnräume eine „Wohnung"?

Eine Wohnung ist in der Regel die Zusammenfassung mehrerer Räume, die in ihrer Gesamtheit so beschaffen sein müssen, dass die Führung eines selbstständigen Haushalts möglich ist. Die Zusammenfassung der Räume muss eine von anderen Wohnungen oder Räumen, insbesondere Wohnräumen, baulich getrennte, in sich abgeschlossene Wohneinheit bilden und einen selbstständigen Zugang haben. Daneben ist erforderlich, dass die für die Führung eines selbstständigen Haushalts notwendigen Nebenräume (Küche, Bad oder Dusche, Toilette) vorhanden sind. Die Wohnfläche soll mindestens 20 Quadratmeter betragen.

2

Hinweis:

Die Definition des Wohnungsbegriffs stimmt im Wesentlichen mit der Definition für Zwecke der Erbschaft-/Schenkungsteuer überein, die bei der Grundbesitzbewertung für Zwecke der Erbschaft-/Schenkungsteuer gilt. Allerdings gilt bei der Grundsteuer eine abweichende Wohnungsgröße von 20 Quadratmetern. Das ist nachteilig für den Steuerzahler, da Wohnungen stets steuerpflichtig sind und keine Steuerbefreiung erhalten können. Bei der Grundbesitzbewertung gilt eine Mindestgröße von 23 Quadratmetern.

Beispiel: Steuerberaterpraxis

Sie haben Ihr Einfamilienhaus an einen Steuerberater vermietet, der es ausschließlich für seine Praxis nutzt. Baulich ist das Gebäude als Einfamilienhaus konzipiert. Da es sich aufgrund der Nutzung nicht um ein „**Wohn**grundstück" handelt, ist das Grundstück in die Grundstücksart „Geschäftsgrundstück" einzuordnen, so dass wegen der freiberuflichen Nutzung eine Bewertung im Sachwertverfahren erfolgt.

Beispiel: Aufwendig gebaute Villa

Ein aufwendig gebautes Villengebäude mit Wohnungen für Hausbedienstete ist bei mehr als zwei Wohnungen als Mietwohngrundstück im Ertragswertverfahren zu bewerten. In der Praxis der Grundstücks-Sachverständigen handelt es sich dagegen um ein Gebäude, das normalerweise im Sachwertverfahren zu bewerten ist.

2

Abgrenzung der Bewertungsverfahren

Der Grundsteuerwert bebauter Grundstücke ist nach dem Ertragswertverfahren oder dem Sachwertverfahren zu ermitteln. Die Zuordnung richtet sich nach folgendem Schema:

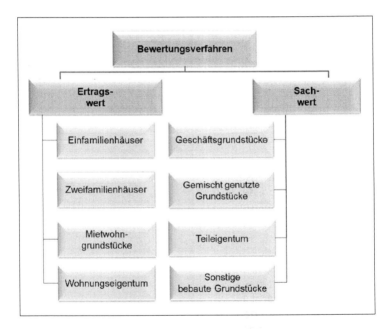

Im **Ertragswertverfahren** sind somit zu bewerten:

- Einfamilienhäuser
- Zweifamilienhäuser
- Mietwohngrundstücke
- Wohnungseigentum

Im **Sachwertverfahren** sind somit zu bewerten:

- Geschäftsgrundstücke
- gemischt genutzte Grundstücke
- Teileigentum
- sonstige bebaute Grundstücke

2

Demzufolge sind nach derzeitigen Schätzungen bundesweit ca. 24 Millionen von insgesamt 36 Millionen wirtschaftlichen Einheiten im Ertragswertverfahren zu bewerten. Das ist der Großteil der Grundstücke.

Bei einem Ertragswertverfahren steht der Ertrag der Immobilie für die Werteinschätzung im Vordergrund. Bei einer genauen Werteinschätzung ist regelmäßig ein Sachverständigengutachten erforderlich. Das wäre bei einer steuerlichen Massenbewertung kaum zu leisten.

Deshalb typisiert und pauschaliert der Gesetzgeber das Bewertungsverfahren für Zwecke der Grundsteuer. Dadurch können die Bewertungsarbeiten für den Großteil der Fälle anwenderfreundlich ausgestaltet werden. Das ist auch von den Vorgaben des Bundesverfassungsgerichts gedeckt. Allerdings gibt es eine Grenze: Die Ergebnisse der Grundstücksbewertung müssen die Wertrelationen der Grundstücke realitätsgerecht abbilden.

Wichtig: Das Ertragswertverfahren gilt für Wohngrundstücke. Das Sachwertverfahren gilt für Nichtwohngrundstücke.

Das Sachwertverfahren wird für diejenigen bebauten Grundstücke angewendet, bei denen es zum einen für die Werteinschätzung am Grundstücksmarkt nicht in erster Linie auf den Ertrag ankommt. Hier sind im gewöhnlichen Geschäftsverkehr häufig die Herstellungskosten wertbestimmend. Zudem existieren bei manchen Immobilien keine statistisch ermittelbaren durchschnittlichen Erträge.

Unbebaute Grundstücke im Bundesmodell

Begriff der unbebauten Grundstücke 36

Wertermittlung für unbebaute Grundstücke 37

Grundstücksfläche 37

3

Begriff der unbebauten Grundstücke

Auf den ersten Blick scheint es etwas übertrieben, wenn der Gesetzgeber den Begriff des unbebauten Grundstücks definiert. Bei näherer Betrachtung ist das jedoch wichtig.

Definition: Unbebaute Grundstücke

Grundstücke sind unbebaut, wenn sich auf ihnen keine benutzbaren Gebäude befinden.

Das bedeutet, sobald ein benutzbares Gebäude vorhanden ist, handelt es sich nicht mehr um ein unbebautes Grundstück.

Beispiel:

- Ein Grundstück ist mit einer Garage bebaut. Eine Garage ist ein Gebäude. Deshalb ist das Grundstück nicht unbebaut, sondern bebaut und nach den Regeln für bebaute Grundstücke zu bewerten.

- Auf einem Grundstück ist eine Windkraftanlage errichtet worden. Der Turm einer Windkraftanlage wird von der Finanzverwaltung nicht als Gebäude, sondern als Betriebsvorrichtung angesehen, weil der Turm allenfalls für einen vorübergehenden Aufenthalt von Menschen geeignet ist. Somit ist das Grundstück als unbebautes Grundstück zu bewerten. Für die Windkraftanlage selbst in keine Grundsteuer zu entrichten, weil sie mit einer Maschine vergleichbar ist.

Die Benutzbarkeit eines Gebäudes beginnt im Zeitpunkt der Bezugsfertigkeit. Gebäude sind als bezugsfertig anzusehen, wenn den zukünftigen Bewohnern oder sonstigen Benutzern zugemutet werden kann, sie zu benutzen. Die Rechtsprechung stellt insoweit strenge Anforderungen an die Zumutbarkeit. Jedenfalls ist die Abnahme durch die Bauaufsichtsbehörde nicht entscheidend.

Beispiel: _____

Bei einem fast fertiggestellten Einfamilienhaus fehlt der Estrich im Gäste-WC. Ferner sind Türen und Türzargen noch nicht eingebaut.

Nach der Rechtsprechung des Bundesfinanzhofs ist das Grundstück zu diesem Zeitpunkt noch unbebaut, weil eine Nutzung nicht zugemutet werden kann.

Sofern sich auf dem Grundstück Gebäude befinden, die auf Dauer keiner Nutzung zugeführt werden können, gilt das Grundstück ebenfalls als unbebaut. Sofern infolge der Zerstörung oder des Verfalls der Gebäude auf Dauer kein benutzbarer Raum mehr vorhanden ist, gilt das Grundstück ebenfalls als unbebaut.

3

Wertermittlung für unbebaute Grundstücke

Die Bewertung unbebauter Grundstücke richtet sich nach folgendem Schema:

Bodenrichtwert lt. Gutachterausschuss

x Fläche des Grundstücks

= Grundstückswert

Der Grundsteuerwert unbebauter Grundstücke ermittelt sich somit regelmäßig durch Multiplikation ihrer Fläche mit dem jeweiligen Bodenrichtwert.

Grundstücksfläche

Das maßgebende Kriterium der Grundstücksfläche dürfte in der Praxis unproblematisch sein. Sie kennen die Grundstücksfläche aus den Katasterunterlagen. Die Grundstücksgröße ist regelmäßig im Grundbuch übernommen worden.

Definition: Bodenrichtwert

Der Bodenrichtwert ist der durchschnittliche Lagewert des Bodens für eine Mehrheit von Grundstücken innerhalb eines abgegrenzten Gebiets (Bodenrichtwertzone), die nach ihren Grundstücksmerkmalen weitgehend übereinstimmen und für die im Wesentlichen gleiche allgemeine Wertverhältnisse vorliegen. In bebauten Gebieten sind die Bodenrichtwerte mit dem Wert zu ermitteln, der sich ergeben würde, wenn der Boden unbebaut wäre.

3

Verwendung der Bodenrichtwerte

Die Bodenrichtwerte nutzt die Finanzverwaltung bereits seit vielen Jahren für verschiedene Bewertungsaufgaben. Die Bodenrichtwerte gelten beispielsweise bei der Grundbesitzbewertung für Zwecke der Erbschaft- und Schenkungsteuer sowie der Grunderwerbsteuer und bei ertragsteuerrechtlichen Wertermittlungsanlässen, wie zum Beispiel bei der Kaufpreisaufteilung.

Neu: Möglichst homogene Zonen

Es gibt einen wichtigen Unterschied. Der „Bodenrichtwert" wird in Euro pro Quadratmeter ausgewiesen. Das ist jedoch nicht der konkrete „Bodenwert". Das liegt daran, dass der Gutachterausschuss den Bodenrichtwert für ein typisches Bodenrichtwertgrundstück definiert. Dieses Referenzgrundstück stimmt in der Praxis keineswegs immer mit den konkreten Verhältnissen des zu bewertenden Grundstücks überein. Deshalb wird der Bodenrichtwert regelmäßig in den individuell anzusetzenden Bodenwert umgerechnet. Dabei sind unterschiedliche Rechenschritte denkbar. Was genau zu berechnen ist, kann von Region zu Region unterschiedlich sein und wird im Allgemeinen durch den Gutachterausschuss vorgegeben.

In einem Massenverfahren wären solche Umrechnungen kaum zu leisten. Deshalb fordert der Gesetzgeber von den Gutachterausschüssen, dass für die allgemein ermittelten Bodenrichtwerte räumlich abgegrenzte Bodenrichtwert-Zonen gebildet werden. Die Bodenrichtwerte innerhalb dieser Zonen dürfen lagebedingte Wertunterschiede zwischen der Mehrzahl der Grundstücke und dem Bodenrichtwertgrundstück nicht mehr als plus/minus 30 Prozent betragen.

Rechtsgrundlage ist hierfür § 10 Abs. 3 der Immobilienwertermittlungsverordnung vom 19.05.2010:

Die Richtwertzonen nach § 196 Absatz 1 Satz 3 des Baugesetzbuchs sind grundsätzlich so abzugrenzen, dass lagebedingte Wertunterschiede zwischen der Mehrheit der Grundstücke und dem Bodenrichtwertgrundstück nicht mehr als 30 Prozent betragen.

Wichtig: Die Gutachterausschüsse stellen Ihnen den Bodenrichtwert bislang nicht in allen Ländern kostenlos zur Verfügung. Sie als Steuerzahler müssen den Bodenrichtwert in Ihrer Erklärung zur Feststellung des Grundsteuerwerts angeben. Deshalb sollten die Landesregierungen rasch dafür sorgen, dass Sie die Auskunft über den Bodenrichtwert – zumindest zum Hauptfeststellungszeitpunkt – kostenlos erhalten.

Hinweis:

Den konkreten Bodenrichtwert stellt BORIS-D zur Verfügung unter: www.bodenrichtwerte-boris.de

Auffangregelung

In Einzelfällen kann es dazu kommen, dass der Gutachterausschuss keinen Bodenrichtwert zur Verfügung stellt. Dann hat das Finanzamt die Befugnis, den Wert des unbebauten Grundstücks aus den Werten vergleichbarer Flächen abzuleiten.

Bodenrichtwertzonen

Die Gutachterausschüsse sind bereits seit Jahren verpflichtet, konkrete Zonen anzugeben, für die die Bodenrichtwerte gelten. Die Bildung von Bodenrichtwertzonen ist also nichts Neues. Neu ist lediglich, dass die Zonen möglichst homogen gebildet werden müssen.

Bei der Ermittlung des Grundsteuerwerts bleiben die Korrekturen unberücksichtigt, die üblicherweise von Sachverständigen bei der Verkehrswertermittlung vorgenommen werden. Deshalb werden folgende Umrechnungen bzw. Korrekturen bei der Berechnung des Grundsteuerwerts in vielen Fällen unterbleiben können, weil sie bereits durch die Bildung von möglichst homogenen Zonen abgedeckt sind:

- die Berücksichtigung einer abweichenden Geschossflächenzahl

- die Berücksichtigung von Vorder- und Hinterland bei tiefgeschnittenen Grundstücken

- Abschläge bei übergroßen Grundstücken

Beispiel:

Eine Gemeinde weist für mehrere Einfamilienhäuser in einem Neubaugebiet einen Bodenrichtwert aus und umrandet das für den Bodenrichtwert maßgebende Gebiet mit einer zeichnerischen Grenze in einer Kartendarstellung.

Alle Grundstücke, die in der Zone liegen, sind für Zwecke der Grundsteuer mit diesem Bodenrichtwert zu bewerten.

Hinweis:

Ob die Finanzverwaltung in allen Fällen auf Umrechnungen verzichtet, ist noch nicht endgültig entschieden. Möglicherweise werden die Länder insoweit auch im Rahmen von Länderöffnungsklauseln unterschiedliche Regelungen treffen. Sollte das Finanzamt Abschläge nicht berücksichtigt haben, obwohl ein Abschlag nach dem Grundstücksmarktbericht des Gutachterausschusses einen solchen vorsieht, sollten Sie den Abschlag beim Finanzamt beantragen.

Mehrere Bodenrichtwerte in einer Zone

In der Praxis ist es denkbar, dass in einer Bodenrichtwertzone mehrere Bodenrichtwerte zugleich ausgewiesen werden. Sofern in einer Zone beispielsweise sowohl Grundstücke mit einer Wohnnutzung als auch Grundstücke mit einer gewerblichen Nutzung liegen, weisen die Gutachterausschüsse häufig mehrere Bodenrichtwerte aus, nämlich sowohl einen Bodenrichtwert, der für Grundstücke mit einer Wohnnutzung gilt, als auch einen, der für Grundstücke mit einer gewerblichen Nutzung gilt.

Je nach Art des Grundstücks ist also der jeweils maßgebende Bodenrichtwert anzusetzen.

3

Bodenrichtwertzone durchschneidet ein Grundstück

In der Praxis gibt es auch Fälle, in denen eine Bodenrichtwertzone ein Grundstück durchschneidet. Das bedeutet, die Grenze zwischen einer Bodenrichtwertzone und einer benachbarten Bodenrichtwertzone verläuft durch das zu bewertende Grundstück.

Die vom Gutachterausschuss gebildeten Bodenrichtwertzonen orientieren sich nicht zwingend an Flurstücksgrenzen. Das kann sachliche Gründe haben. Ein typischer Fall kann bei tief geschnittenen Grundstücken vorliegen.

Beispiel:

An einer Ausfallstraße liegen Grundstücke mit einer Breite von 20 Metern und einer Tiefe von 150 Metern. Baurechtlich können jedoch nur die ersten 20 Meter baulich genutzt werden. Der Gutachterausschuss berücksichtigt die unterschiedliche bauliche Nutzbarkeit in der Weise, indem er für das Vorderland eine Zone mit 200 Euro pro Quadratmeter bildet. Er zieht die Grenze zur Hinterlandzone entlang der Baugrenze von 20 Metern. Für das Hinterland weist der Gutachterausschuss einen Bodenrichtwert von 50 Euro pro Quadratmeter aus.

> In diesem Fall durchschneidet die Bodenrichtwertzone das Flurstück bzw. die zu bewertende wirtschaftliche Einheit. Bei der Bewertung für Zwecke der Grundsteuer sind die Vorderland- und Hinterlandflächen mit dem jeweils maßgebenden Bodenrichtwert zu multiplizieren:

Vorderland, baulich ausnutzbar

20 m (Tiefe, Bauland)	
x 20 m (Breite)	
x 200 EUR/m² =	80.000 EUR

Hinterland

(150 m – 20 m Baulandtiefe =) 130 m	
x 20 m Breite	
x 50 EUR/m²=	130.000 EUR

Summe **210.000 EUR**

Vereinfachtes Ertragswertverfahren im Bundesmodell

Begriff des bebauten Grundstücks 44

Gebäudemerkmale 45

Ermittlung des Grundsteuerwerts 45

Ermittlung des kapitalisierten Reinertrags 46

Liegenschaftszinssätze 49

Barwertfaktoren für die Kapitalisierung 51

Schema zur Berechnung des Grundsteuerwerts 55

Formel des vereinfachten Ertragswertverfahrens 55

Rohertrag des Grundstücks 56

Bewirtschaftungskosten 67

Ermittlung des abgezinsten Bodenwerts 67

Mindestwert 78

4

Begriff des bebauten Grundstücks

Auch für bebaute Grundstücke gibt es eine Definition.

Definition: Bebaute Grundstücke

Grundstücke sind bebaut, wenn sich auf ihnen benutzbare Gebäude befinden.

Sobald ein benutzbares Gebäude vorhanden ist, handelt es sich nicht mehr um ein unbebautes Grundstück. Wird ein Gebäude in Bauabschnitten errichtet, ist der bezugsfertige Teil als benutzbares Gebäude anzusehen.

Mit der Bewertung eines Grundstücks sind folgende Teile der Immobilie erfasst und unterliegen der Grundsteuer:

- der Grund und Boden
- die Gebäude
- die sonstigen Bestandteile
- das Zubehör

Die Tatsache, dass diese Immobilienteile „dem Grunde nach" der Grundsteuer unterliegen, bedeutet nicht, dass dafür auch „der Höhe nach" Werte angesetzt werden. Beispielsweise gehört Heizöl zum Zubehör eines Grundstücks. Dennoch ist der Grundsteuerwert eines Einfamilienhauses nicht höher, wenn der Heizöltank voll ist.

Dagegen sind Betriebsvorrichtungen nicht der Grundsteuer zu unterwerfen. Nach der gesetzlichen Definition werden Maschinen und sonstige Vorrichtungen aller Art, die zu einer Betriebsanlage gehören (Betriebsvorrichtungen), nicht in das Grundvermögen einbezogen. Das gilt selbst dann, wenn sie nach dem bürgerlichen Recht wesentliche Bestandteile des Grund und Bodens oder der Gebäude sind.

Obwohl diese Definitionen etwas sperrig wirken, können Sie daraus ableiten, wann ein Bauwerk als Gebäude anzusehen ist. In diesem Fall ist Grundsteuer für ein bebautes Grundstück festzusetzen. Ist ein Bauwerk dagegen eine Betriebsvorrichtung, unterliegt es nicht der Grundsteuer.

Gebäudemerkmale

Ein Bauwerk ist ein Gebäude, wenn alle folgenden fünf Merkmale ausnahmslos nebeneinander vorliegen:

- Der Aufenthalt von Menschen muss möglich sein.

- Es muss ein Schutz gegen Witterungseinflüsse durch räumliche Umschließung vorliegen.

- Das Bauwerk muss fest mit dem Grund und Boden verbunden sein.

- Das Bauwerk muss beständig sein.

- Das Bauwerk muss standfest sein.

Fehlt ein Merkmal, ist das Bauwerk kein Gebäude. Vielmehr müssen Sie dann prüfen, ob mit dem Bauwerk das gegenwärtig ausgeübte Gewerbe – wie mit einer Maschine – unmittelbar betrieben wird. Wenn dies der Fall ist, handelt es sich um eine Betriebsvorrichtung, die nicht der Grundsteuer unterliegt. Ist dies nicht der Fall, handelt es sich um einen Gebäudebestandteil oder eine Außenanlage.

4

Hinweis:

Bei der Grundsteuer ist es für Sie als Steuerzahler von Vorteil, wenn Bauwerke als Betriebsvorrichtung zu behandeln sind, weil insoweit keine Grundsteuer anfällt. Grundsteuer wird nur für die Bauteile erhoben, die begrifflich zum Grundvermögen gehören.

Ermittlung des Grundsteuerwerts

Im Ertragswertverfahren ermitteln Sie den Grundsteuerwert aus der Summe des kapitalisierten Reinertrags und des abgezinsten Bodenwerts. Der kapitalisierte Reinertrag ist dabei der Barwert des Reinertrags.

Barwert des Reinertrags
zzgl. abgezinster Bodenwert

= **Grundsteuerwert**

Mit dem Grundsteuerwert sind die Werte für den

- Grund und Boden,
- die Gebäude,
- die baulichen Anlagen, insbesondere Außenanlagen, und
- die sonstigen Anlagen

abgegolten.

Ermittlung des kapitalisierten Reinertrags

Zur Ermittlung des kapitalisierten Reinertrags ist vom Reinertrag des Grundstücks auszugehen. Dieser ergibt sich aus dem Rohertrag des Grundstücks abzüglich der Bewirtschaftungskosten.

4

Rohertrag des Grundstücks
abzgl. der nicht umlagefähigen Bewirtschaftungskosten

= Reinertrag des Grundstücks

Der Reinertrag des Grundstücks ist mit einem Vervielfältiger – dem sogenannten Barwertfaktor – zu kapitalisieren. Dieser ergibt sich aus Anlage 37 zum Bewertungsgesetz.

Maßgebend für den Vervielfältiger sind

- die Restnutzungsdauer des Gebäudes und
- der Liegenschaftszinssatz.

Restnutzungsdauer

Die Restnutzungsdauer wird ermittelt, indem der Unterschiedsbetrag zwischen der wirtschaftlichen Gesamtnutzungsdauer und dem Alter des Gebäudes am Bewertungsstichtag gebildet wird. Die wirtschaftliche Gesamtnutzungsdauer ergibt sich aus Anlage 38 zum Bewertungsgesetz.

Wirtschaftliche Gesamtnutzungsdauer
abzgl. Alter des Gebäudes am Bewertungsstichtag

= Restnutzungsdauer

Die wirtschaftliche Gesamtnutzungsdauer richtet sich daher nach folgender Tabelle (Anlage 38).

Wirtschaftliche Gesamtnutzungsdauer	
Ein- und Zweifamilienhäuser	80 Jahre
Mietwohngrundstücke, Mehrfamilienhäuser	80 Jahre
Wohnungseigentum	80 Jahre
Geschäftsgrundstücke, gemischt genutzte Grundstücke und sonstige bebaute Grundstücke:	
Gemischt genutzte Grundstücke (Wohnhäuser mit Mischnutzung)	80 Jahre
Museen, Theater, Sakralbauten	70 Jahre
Bürogebäude, Verwaltungsgebäude	60 Jahre
Banken und ähnliche Geschäftshäuser	60 Jahre
Einzelgaragen und Mehrfachgaragen	60 Jahre
Kindergärten (Kindertagesstätten), allgemeinbildende und berufsbildende Schulen, Hochschulen, Sonderschulen	50 Jahre
Wohnheime, Internate, Alten- und Pflegeheime	50 Jahre
Kauf-/Warenhäuser	50 Jahre
Krankenhäuser, Kliniken, Tageskliniken, Ärztehäuser	40 Jahre
Gemeindezentren, Saalbauten, Veranstaltungsgebäude, Vereinsheime	40 Jahre
Beherbergungsstätten, Hotels, Verpflegungs-einrichtungen	40 Jahre
Sport- und Tennishallen, Freizeitbäder, Kur- und Heilbäder	40 Jahre
Tief-, Hoch- und Nutzfahrzeuggaragen als Einzelbau-werke, Carports	40 Jahre
Betriebs- und Werkstätten, Industrie- und Produktions-gebäude	40 Jahre
Lager- und Versandgebäude	40 Jahre
Verbrauchermärkte, Autohäuser	30 Jahre
Reithallen, ehemalige landwirtschaftliche Mehrzweck-hallen, Scheunen und Ähnliches	30 Jahre

4

Teileigentum ist in Abhängigkeit von der baulichen Gestaltung den vorstehenden Gebäudearten zuzuordnen.

Auffangklausel

Für Gebäudearten, die in der vorstehenden Liste nicht aufgeführt sind, ist die wirtschaftliche Gesamtnutzungsdauer aus der wirtschaftlichen Gesamtnutzungsdauer vergleichbarer Gebäudearten abzuleiten.

Sind nach der Bezugsfertigkeit des Gebäudes, beispielsweise im Rahmen einer Kernsanierung oder Entkernung, bauliche Maßnahmen durchgeführt worden, die zu einer wesentlichen Verlängerung der wirtschaftlichen Gesamtnutzungsdauer des Gebäudes geführt haben, ist von einer entsprechend verlängerten wirtschaftlichen Restnutzungsdauer auszugehen. Dies gilt jedoch nicht, wenn nur der Ausbau (u. a. Heizung, Fenster und Sanitäreinrichtungen) umfassend modernisiert wurde. Vielmehr muss der Rohbau (u. a. Fundamente, tragende Innen- und Außenwände, Treppen, Dachkonstruktion sowie Geschossdecken) teilweise erneuert worden sein.

Mindestrestnutzungsdauer

Beachten Sie, dass der Gesetzgeber die Restnutzungsdauer eines noch nutzbaren Gebäudes mit mindestens 30 Prozent der wirtschaftlichen Gesamtnutzungsdauer ansetzt.

Somit wird berücksichtigt, dass auch ein älteres Gebäude, das laufend instandgehalten wird, nicht wertlos wird. Die Mindestnutzungsdauer macht in vielen Fällen – gerade bei älteren Gebäuden – die Prüfung entbehrlich, ob die restliche Lebensdauer infolge baulicher Maßnahmen wesentlich verlängert wurde. Bei älteren, noch nutzbaren Gebäuden schließt die Mindestrestnutzungsdauer in typisierender Weise eine Verlängerung der Restnutzungsdauer durch geringfügige Modernisierungen ein.

> **Beispiel:**
>
> Bei einer wirtschaftlichen Gesamtnutzungsdauer von 80 Jahren ergibt sich eine Mindestrestnutzungsdauer von 24 Jahren (80 Jahre x 30 Prozent).

Bei einer bestehenden Abbruchverpflichtung für das Gebäude ist die Restnutzungsdauer auf den Unterschiedsbetrag zwischen der tatsächlichen Gesamtnutzungsdauer und dem Alter des Gebäudes am Bewertungsstichtag begrenzt.

Liegenschaftszinssätze

Im vereinfachten Ertragswertverfahren werden die Liegenschaftszinssätze gesetzlich vorgegeben.

Bei der Bewertung bebauter Grundstücke gelten die folgenden Zinssätze:

- 2,5 Prozent für Ein- und Zweifamilienhäuser

- 3,0 Prozent für Wohnungseigentum

- 4,0 Prozent für Mietwohngrundstücke mit bis zu sechs Wohnungen

- 4,5 Prozent für Mietwohngrundstücke mit mehr als sechs Wohnungen

4

Definition: Liegenschaftszinssätze

Darunter sind die Zinssätze zu verstehen, mit denen der Wert von Grundstücken abhängig von der Grundstücksart durchschnittlich und marktüblich verzinst wird.

Korrektur bei Ein- und Zweifamilienhäusern

Besonderheiten gelten bei der Bewertung von Ein- und Zweifamilienhäusern. Die Regelung erscheint auf den ersten Blick etwas kompliziert. Allerdings sind die für Ein- und Zweifamilienhäuser geltenden Sonderregelungen weder für den Steuerzahler noch für die Verwaltung aufwendig, weil sie ausschließlich durch IT-Technik umgesetzt werden können.

Nach Auffassung des Gesetzgebers ist zur Gewährleistung einer relations- und realitätsgerechten Bewertung von Ein- und Zweifamilienhäusern im Ertragswertverfahren eine Abstufung der gesetzlich normierten Zinssätze in Korrelation zu den Boden-richtwerten erforderlich.

Wichtig: Die vorgesehene Verminderung des Liegenschaftszins-satzes führt zu steigenden Ertragswerten.

Folgende Korrekturen sind vorgesehen:

- Bei der Bewertung von Ein- und Zweifamilienhäusern verringert sich der Zinssatz von 2,5 Prozent um jeweils 0,1 Prozent-punkte für jede volle 100 Euro, die der Bodenrichtwert oder der Bodenwert je Quadratmeter den Betrag von 500 Euro je Quadratmeter übersteigt.

- Ab einem Bodenrichtwert oder Bodenwert je Quadratmeter in Höhe von 1.500 Euro je Quadratmeter beträgt der Zinssatz für Ein- und Zweifamilienhäuser einheitlich 1,5 Prozent.

4

Korrektur bei Wohnungseigentum

Wie bei Ein- und Zweifamilienhäusern ist zur Gewährleistung einer relations- und realitätsgerechten Bewertung von Woh-nungseigentum im Ertragswertverfahren eine Abstufung der gesetzlich normierten Zinssätze in Korrelation zu den Boden-richtwerten erforderlich.

- Bei der Bewertung von Wohnungseigentum verringert sich der Zinssatz um jeweils 0,1 Prozentpunkte für jede volle 100 Euro, die der Bodenrichtwert oder der Bodenwert je Quadratmeter den Betrag von 2.000 Euro je Quadratmeter übersteigt.

- Ab einem Bodenrichtwert oder Bodenwert in Höhe von 3.000 Euro je Quadratmeter beträgt der Zinssatz für Woh-nungseigentum einheitlich 2 Prozent.

Barwertfaktoren für die Kapitalisierung

Die Barwertfaktoren ergeben sich aus der nachstehenden Anlage 37 zum Bewertungsgesetz.

Restnut-zungs-dauer (Jahre)	Zinssatz										
	1,5 %	1,6 %	1,7 %	1,8 %	1,9 %	2,0 %	2,1 %	2,2 %	2,3 %	2,4 %	2,5 %
1	0,99	0,98	0,98	0,98	0,98	0,98	0,98	0,98	0,98	0,98	0,98
2	1,96	1,95	1,95	1,95	1,94	1,94	1,94	1,94	1,93	1,93	1,93
3	2,91	2,91	2,90	2,90	2,89	2,88	2,88	2,87	2,87	2,86	2,86
4	3,85	3,84	3,84	3,83	3,82	3,81	3,80	3,79	3,78	3,77	3,76
5	4,78	4,77	4,75	4,74	4,73	4,71	4,70	4,69	4,67	4,66	4,65
6	5,70	5,68	5,66	5,64	5,62	5,60	5,58	5,56	5,55	5,53	5,51
7	6,60	6,57	6,55	6,52	6,50	6,47	6,45	6,42	6,40	6,37	6,35
8	7,49	7,45	7,42	7,39	7,36	7,33	7,29	7,26	7,23	7,20	7,17
9	8,36	8,32	8,28	8,24	8,20	8,16	8,12	8,08	8,05	8,01	7,97
10	9,22	9,17	9,13	9,08	9,03	8,98	8,94	8,89	8,84	8,80	8,75
11	10,07	10,01	9,96	9,90	9,84	9,79	9,73	9,68	9,62	9,57	9,51
12	10,91	10,84	10,77	10,71	10,64	10,58	10,51	10,45	10,38	10,32	10,26
13	11,73	11,65	11,58	11,50	11,42	11,35	11,27	11,20	11,13	11,05	10,98
14	12,54	12,45	12,37	12,28	12,19	12,11	12,02	11,94	11,85	11,77	11,69
15	13,34	13,24	13,14	13,04	12,95	12,85	12,75	12,66	12,57	12,47	12,38
16	14,13	14,02	13,91	13,80	13,69	13,58	13,47	13,37	13,26	13,16	13,06
17	14,91	14,78	14,66	14,53	14,41	14,29	14,17	14,06	13,94	13,83	13,71
18	15,67	15,53	15,40	15,26	15,12	14,99	14,86	14,73	14,60	14,48	14,35
19	16,43	16,27	16,12	15,97	15,82	15,68	15,53	15,39	15,25	15,12	14,98
20	17,17	17,00	16,83	16,67	16,51	16,35	16,19	16,04	15,89	15,74	15,59
21	17,90	17,72	17,54	17,36	17,18	17,01	16,84	16,67	16,51	16,35	16,18
22	18,62	18,42	18,23	18,03	17,84	17,66	17,47	17,29	17,11	16,94	16,77
23	19,33	19,12	18,91	18,70	18,49	18,29	18,09	17,90	17,71	17,52	17,33
24	20,03	19,80	19,57	19,35	19,13	18,91	18,70	18,49	18,29	18,08	17,88
25	20,72	20,47	20,23	19,99	19,75	19,52	19,30	19,07	18,85	18,64	18,42

4

Vereinfachtes Ertragswertverfahren im Bundesmodell

Restnut-zungs-dauer (Jahre)	Zinssatz										
	1,5 %	1,6 %	1,7 %	1,8 %	1,9 %	2,0 %	2,1 %	2,2 %	2,3 %	2,4 %	2,5 %
26	21,40	21,13	20,87	20,62	20,37	20,12	19,88	19,64	19,41	19,18	18,95
27	22,07	21,79	21,51	21,24	20,97	20,71	20,45	20,20	19,95	19,70	19,46
28	22,73	22,43	22,13	21,84	21,56	21,28	21,01	20,74	20,48	20,22	19,96
29	23,38	23,06	22,75	22,44	22,14	21,84	21,56	21,27	20,99	20,72	20,45
30	24,02	23,68	23,35	23,02	22,71	22,40	22,09	21,79	21,50	21,21	20,93
31	24,65	24,29	23,94	23,60	23,27	22,94	22,62	22,30	21,99	21,69	21,40
32	25,27	24,89	24,52	24,17	23,81	23,47	23,13	22,80	22,48	22,16	21,85
33	25,88	25,48	25,10	24,72	24,35	23,99	23,63	23,29	22,95	22,62	22,29
34	26,48	26,07	25,66	25,27	24,88	24,50	24,13	23,77	23,41	23,06	22,72
35	27,08	26,64	26,22	25,80	25,40	25,00	24,61	24,23	23,86	23,50	23,15
36	27,66	27,21	26,76	26,33	25,90	25,49	25,08	24,69	24,30	23,93	23,56
37	28,24	27,76	27,30	26,84	26,40	25,97	25,55	25,14	24,73	24,34	23,96
38	28,81	28,31	27,82	27,35	26,89	26,44	26,00	25,57	25,16	24,75	24,35
39	29,36	28,85	28,34	27,85	27,37	26,90	26,45	26,00	25,57	25,14	24,73
40	29,92	29,38	28,85	28,34	27,84	27,36	26,88	26,42	25,97	25,53	25,10
41	30,46	29,90	29,35	28,82	28,30	27,80	27,31	26,83	26,36	25,91	25,47
42	30,99	30,41	29,85	29,29	28,76	28,23	27,73	27,23	26,75	26,28	25,82
43	31,52	30,92	30,33	29,76	29,20	28,66	28,14	27,62	27,12	26,64	26,17
44	32,04	31,41	30,81	30,21	29,64	29,08	28,54	28,01	27,49	26,99	26,50
45	32,55	31,90	31,27	30,66	30,07	29,49	28,93	28,38	27,85	27,34	26,83
46	33,06	32,39	31,73	31,10	30,49	29,89	29,31	28,75	28,20	27,67	27,15
47	33,55	32,86	32,19	31,54	30,90	30,29	29,69	29,11	28,55	28,00	27,47
48	34,04	33,33	32,63	31,96	31,31	30,67	30,06	29,46	28,88	28,32	27,77
49	34,52	33,79	33,07	32,38	31,70	31,05	30,42	29,81	29,21	28,63	28,07
50	35,00	34,24	33,50	32,79	32,09	31,42	30,77	30,14	29,53	28,94	28,36
51	35,47	34,68	33,92	33,19	32,48	31,79	31,12	30,47	29,84	29,24	28,65
52	35,93	35,12	34,34	33,58	32,85	32,14	31,46	30,79	30,15	29,53	28,92
53	36,38	35,55	34,75	33,97	33,22	32,50	31,79	31,11	30,45	29,81	29,19
54	36,83	35,98	35,15	34,35	33,58	32,84	32,12	31,42	30,74	30,09	29,46

4

Restnut-zungs-dauer (Jahre)	Zinssatz										
	1,5 %	1,6 %	1,7 %	1,8 %	1,9 %	2,0 %	2,1 %	2,2 %	2,3 %	2,4 %	2,5 %
55	37,27	36,39	35,55	34,73	33,94	33,17	32,44	31,72	31,03	30,36	29,71
56	37,71	36,81	35,94	35,10	34,29	33,50	32,75	32,02	31,31	30,63	29,96
57	38,13	37,21	36,32	35,46	34,63	33,83	33,05	32,31	31,58	30,88	30,21
58	38,56	37,61	36,70	35,82	34,97	34,15	33,35	32,59	31,85	31,14	30,45
59	38,97	38,00	37,07	36,16	35,29	34,46	33,65	32,87	32,11	31,38	30,68
60	39,38	38,39	37,43	36,51	35,62	34,76	33,93	33,14	32,37	31,63	30,91
61	39,78	38,77	37,79	36,84	35,94	35,06	34,22	33,40	32,62	31,86	31,13
62	40,18	39,14	38,14	37,17	36,25	35,35	34,49	33,66	32,86	32,09	31,35
63	40,57	39,51	38,48	37,50	36,55	35,64	34,76	33,92	33,10	32,31	31,56
64	40,96	39,87	38,82	37,82	36,85	35,92	35,03	34,16	33,33	32,53	31,76
65	41,34	40,23	39,16	38,13	37,15	36,20	35,28	34,41	33,56	32,75	31,96
66	41,71	40,58	39,49	38,44	37,43	36,47	35,54	34,64	33,78	32,96	32,16
67	42,08	40,92	39,81	38,74	37,72	36,73	35,79	34,88	34,00	33,16	32,35
68	42,44	41,26	40,13	39,04	38,00	36,99	36,03	35,11	34,22	33,36	32,54
69	42,80	41,60	40,44	39,33	38,27	37,25	36,27	35,33	34,42	33,56	32,72
70	43,15	41,93	40,75	39,62	38,54	37,50	36,50	35,55	34,63	33,75	32,90
71	43,50	42,25	41,05	39,90	38,80	37,74	36,73	35,76	34,83	33,93	33,07
72	43,84	42,57	41,35	40,18	39,06	37,98	36,95	35,97	35,02	34,11	33,24
73	44,18	42,88	41,64	40,45	39,31	38,22	37,17	36,17	35,21	34,29	33,40
74	44,51	43,19	41,93	40,72	39,56	38,45	37,39	36,37	35,40	34,46	33,57
75	44,84	43,50	42,21	40,98	39,80	38,68	37,60	36,57	35,58	34,63	33,72
76	45,16	43,79	42,49	41,24	40,04	38,90	37,81	36,76	35,76	34,80	33,88
77	45,48	44,09	42,76	41,49	40,28	39,12	38,01	36,95	35,93	34,96	34,03
78	45,79	44,38	43,03	41,74	40,51	39,33	38,21	37,13	36,10	35,11	34,17
79	46,10	44,66	43,29	41,98	40,73	39,54	38,40	37,31	36,27	35,27	34,31
80	46,41	44,95	43,55	42,22	40,96	39,74	38,59	37,48	36,43	35,42	34,45
81	46,71	45,22	43,81	42,46	41,17	39,95	38,77	37,66	36,59	35,56	34,59
82	47,00	45,49	44,06	42,69	41,39	40,14	38,96	37,82	36,74	35,71	34,72
83	47,29	45,76	44,31	42,92	41,60	40,34	39,13	37,99	36,89	35,85	34,85

4

Vereinfachtes Ertragswertverfahren im Bundesmodell

Restnut- zungs- dauer (Jahre)	Zinssatz										
	1,5%	1,6%	1,7%	1,8%	1,9%	2,0%	2,1%	2,2%	2,3%	2,4%	2,5%
84	47,58	46,03	44,55	43,14	41,80	40,53	39,31	38,15	37,04	35,98	34,97
85	47,86	46,29	44,79	43,36	42,00	40,71	39,48	38,31	37,19	36,12	35,10
86	48,14	46,54	45,02	43,58	42,20	40,89	39,65	38,46	37,33	36,25	35,22
87	48,41	46,79	45,25	43,79	42,40	41,07	39,81	38,61	37,47	36,37	35,33
88	48,68	47,04	45,48	44,00	42,59	41,25	39,97	38,76	37,60	36,50	35,45
89	48,95	47,28	45,70	44,20	42,77	41,42	40,13	38,90	37,73	36,62	35,56
90	49,21	47,52	45,92	44,40	42,96	41,59	40,28	39,04	37,86	36,74	35,67
91	49,47	47,76	46,14	44,60	43,14	41,75	40,43	39,18	37,99	36,85	35,77
92	49,72	47,99	46,35	44,79	43,32	41,91	40,58	39,32	38,11	36,97	35,87
93	49,97	48,22	46,56	44,98	43,49	42,07	40,73	39,45	38,23	37,08	35,98
94	50,22	48,44	46,76	45,17	43,66	42,23	40,87	39,58	38,35	37,18	36,07
95	50,46	48,67	46,96	45,35	43,83	42,38	41,01	39,70	38,47	37,29	36,17
96	50,70	48,88	47,16	45,53	43,99	42,53	41,14	39,83	38,58	37,39	36,26
97	50,94	49,10	47,36	45,71	44,15	42,68	41,28	39,95	38,69	37,49	36,35
98	51,17	49,31	47,55	45,89	44,31	42,82	41,41	40,07	38,80	37,59	36,44
99	51,40	49,52	47,74	46,06	44,47	42,96	41,53	40,18	38,90	37,68	36,53
100	51,62	49,72	47,92	46,22	44,62	43,10	41,66	40,30	39,00	37,78	36,61

Formel zur Ermittlung der Vervielfältiger (Barwertfaktoren für die Kapitalisierung):

$$\text{Vervielfältiger} = \frac{q^n - 1}{q^n \times (q-1)}$$

$$q = 1 + LZ \quad \text{wobei } LZ = \frac{p}{100}$$

LZ = Zinssatz (Liegenschaftszinssatz)
n = Restnutzungsdauer
p = Zinsfuß

Schema zur Berechnung des Grundsteuerwerts

Für das vereinfachte Ertragswertverfahren gilt das folgende Berechnungsschema:

	jährlicher Rohertrag (§ 254 BewG, Anlage 39 zum BewG)
./.	nicht umlagefähige Bewirtschaftungskosten (§ 255 BewG, Anlage 40 zum BewG)
=	**jährlicher Reinertrag** (§ 253 Absatz 1 BewG)
x	**Vervielfältiger/Barwertfaktor** (§§ 253 Abs. 2, 256 BewG, Anlage 37, 38 zum BewG)
=	Barwert des Reinertrags (§§ 252, 253 BewG)
+	**abgezinster Bodenwert** (§ 257 BewG, Anlage 41 zum BewG)
=	Grundsteuerwert (§ 252 BewG)

4

Hinweis:

Besondere objektspezifische Grundstücksmerkmale werden im Rahmen dieser typisierenden Wertermittlung nicht gesondert ermittelt.

Formel des vereinfachten Ertragswertverfahrens

Das vereinfachte Ertragswertverfahren entspricht der folgenden Formel:

$$EW = RE \times KF + BW \times AF$$

wobei $KF = \dfrac{q^n - 1}{q^n \times (q - 1)}$

$LZ = \dfrac{p}{100}$

$AF = q^{-n}$

$q = 1 + LZ$

EW = Ertragswert
RE = jährlicher Reinertrag
KF = Kapitalisierungsfaktor (Barwertfaktor; Anlage 37 zum BewG)
AF = Abzinsungsfaktor (Barwertfaktor; Anlage 41 zum BewG)
BW = Bodenwert ohne selbstständig nutzbare Teilfläche
LZ = Liegenschaftszinssatz
n = wirtschaftliche Restnutzungsdauer
p = Zinsfuß

Rohertrag des Grundstücks

Ausgangsgröße der Bewertung im Ertragswertverfahren ist der jährliche Rohertrag des Grundstücks.

Überraschend erscheint die Ermittlung des Rohertrags. Hier verlangt der Gesetzgeber nicht – wie dies bei der Einkommensteuererklärung Jahr für Jahr üblich ist – die Angabe der tatsächlichen Miete. Stattdessen gibt der Gesetzgeber einen Rohertrag vor, der aus Vereinfachungsgründen auf der Grundlage von aus dem Mikrozensus des Statistischen Bundesamts abgeleiteten durchschnittlichen Nettokaltmieten je Quadratmeter Wohnfläche berechnet wurde.

Der Rohertrag des Grundstücks ergibt sich aus Anlage 39 zum Bewertungsgesetz und wird dabei unterschieden nach:

- Land
- Gebäudeart
- Wohnungsgröße
- Baujahr des Gebäudes

Die Anlage 39 zum Bewertungsgesetz weist monatliche Nettokaltmieten je Quadratmeter Wohnfläche einschließlich der in Abhängigkeit der Mietniveaustufen festgelegten Zu- und Abschläge aus. Dabei unterscheidet die Anlage 39 zwischen

- drei Grundstücksarten,
- drei Wohnflächengruppen sowie
- fünf Baujahrgruppen.

Der Rohertrag entspricht somit einer „Listenmiete", die für Wohngebäude gilt. Dazu gehören Ein- und Zweifamilienhäuser, Mietwohngrundstücke und Wohnungseigentum.

Zusätzlich wird die Listenmiete nach sechs gemeindescharfen Mietniveaustufen differenziert.

Die durchschnittliche Miete auf statistischer Grundlage soll in einem Massenverfahren insbesondere in den Fällen zu Vereinfachungen führen, in denen Grundstücke eigengenutzt, ungenutzt, zu vorübergehendem Gebrauch oder unentgeltlich überlassen werden.

Listenmiete

Zur Ermittlung des Rohertrags ist die „durchschnittliche Nettokaltmiete", die sogenannte Listenmiete, maßgebend. Sie ergibt sich aus der nachstehend abgedruckten Anlage 39 zum Bewertungsgesetz.

4

I. Monatliche Nettokaltmieten in Euro/Quadratmeter Wohnfläche** (Wertverhältnisse, Stand: 01.01.2022)

Land	Gebäude-art*	Wohnfläche** (je Wohnung)	Baujahr des Gebäudes				
			bis 1948	1949 bis 1978	1979 bis 1990	1991 bis 2000	ab 2001
Baden-Württemberg	Ein-familien-haus	unter 60 m²	6,60	6,79	6,86	7,12	7,44
		von 60 m² bis unter 100 m²	5,72	5,87	5,94	6,16	6,44
		100 m² und mehr	5,74	5,90	5,96	6,18	6,46
	Zwei-familien-haus	unter 60 m²	6,73	6,93	7,01	7,26	7,58
		von 60 m² bis unter 100 m²	5,70	5,87	5,94	6,15	6,43
		100 m² und mehr	5,50	5,66	5,72	5,92	6,20
	Mietwohn-grundstück	unter 60 m²	7,16	7,38	7,45	7,73	8,07
		von 60 m² bis unter 100 m²	6,44	6,64	6,71	6,95	7,26
		100 m² und mehr	6,34	6,54	6,60	6,84	7,15

Vereinfachtes Ertragswertverfahren im Bundesmodell

Land	Gebäude-art*	Wohnfläche** (je Wohnung)	bis 1948	1949 bis 1978	1979 bis 1990	1991 bis 2000	ab 2001
				Baujahr des Gebäudes			
Bayern	Ein-familien-haus	unter 60 m²	7,23	7,56	7,55	7,40	8,34
		von 60 m² bis unter 100 m²	6,26	6,54	6,53	6,41	7,22
		100 m² und mehr	6,28	6,56	6,55	6,43	7,24
	Zwei-familien-haus	unter 60 m²	7,01	7,32	7,30	7,18	8,07
		von 60 m² bis unter 100 m²	5,95	6,20	6,19	6,08	6,84
		100 m² und mehr	5,72	5,98	5,97	5,86	6,60
	Mietwohn-grundstück	unter 60 m²	8,24	8,60	8,59	8,43	9,49
		von 60 m² bis unter 100 m²	7,41	7,74	7,73	7,58	8,54
		100 m² und mehr	7,30	7,61	7,61	7,47	8,42
Berlin	Ein-familien-haus	unter 60 m²	7,55	7,48	7,27	8,75	9,00
		von 60 m² bis unter 100 m²	6,53	6,47	6,28	7,58	7,79
		100 m² und mehr	6,55	6,49	6,31	7,60	7,81
	Zwei-familien-haus	unter 60 m²	7,50	7,43	7,22	8,70	8,95
		von 60 m² bis unter 100 m²	6,36	6,31	6,13	7,37	7,58
		100 m² und mehr	6,13	6,07	5,91	7,10	7,31
	Mietwohn-grundstück	unter 60 m²	6,90	6,84	6,65	8,00	8,23
		von 60 m² bis unter 100 m²	6,21	6,15	5,98	7,19	7,40
		100 m² und mehr	6,12	6,06	5,88	7,09	7,29

4

Land	Gebäude-art*	Wohnfläche** (je Wohnung)	Baujahr des Gebäudes				
			bis 1948	1949 bis 1978	1979 bis 1990	1991 bis 2000	ab 2001
Brandenburg	Ein-familien-haus	unter 60 m²	6,87	6,66	6,59	8,15	8,85
		von 60 m² bis unter 100 m²	5,94	5,76	5,70	7,05	7,66
		100 m² und mehr	5,96	5,78	5,72	7,08	7,68
	Zwei-familien-haus	unter 60 m²	6,46	6,26	6,20	7,66	8,32
		von 60 m² bis unter 100 m²	5,46	5,29	5,24	6,49	7,04
		100 m² und mehr	5,27	5,10	5,06	6,26	6,79
	Mietwohn-grundstück	unter 60 m²	6,41	6,21	6,15	7,61	8,26
		von 60 m² bis unter 100 m²	5,76	5,59	5,54	6,84	7,44
		100 m² und mehr	5,68	5,51	5,45	6,75	7,32
Bremen	Ein-familien-haus	unter 60 m²	7,09	6,97	7,60	7,78	8,14
		von 60 m² bis unter 100 m²	6,14	6,04	6,57	6,73	7,04
		100 m² und mehr	6,17	6,06	6,59	6,76	7,07
	Zwei-familien-haus	unter 60 m²	7,55	7,41	8,08	8,29	8,67
		von 60 m² bis unter 100 m²	6,40	6,28	6,85	7,02	7,34
		100 m² und mehr	6,17	6,05	6,59	6,77	7,08
	Mietwohn-grundstück	unter 60 m²	6,79	6,67	7,26	7,45	7,79
		von 60 m² bis unter 100 m²	6,11	6,01	6,54	6,70	7,01
		100 m² und mehr	6,02	5,91	6,44	6,59	6,91

4

Vereinfachtes Ertragswertverfahren im Bundesmodell

Land	Gebäude-art*	Wohnfläche** (je Wohnung)	Baujahr des Gebäudes				
			bis 1948	1949 bis 1978	1979 bis 1990	1991 bis 2000	ab 2001
Hamburg	Ein-familien-haus	unter 60 m²	7,39	6,95	7,20	7,19	7,55
		von 60 m² bis unter 100 m²	6,39	6,02	6,22	6,21	6,53
		100 m² und mehr	6,42	6,04	6,25	6,24	6,55
	Zwei-familien-haus	unter 60 m²	7,73	7,28	7,54	7,54	7,91
		von 60 m² bis unter 100 m²	6,55	6,17	6,38	6,38	6,70
		100 m² und mehr	6,31	5,94	6,15	6,15	6,46
	Mietwohn-grundstück	unter 60 m²	7,16	6,73	6,97	6,97	7,32
		von 60 m² bis unter 100 m²	6,44	6,07	6,27	6,27	6,59
		100 m² und mehr	6,35	5,96	6,18	6,18	6,48
Hessen	Ein-familien-haus	unter 60 m²	6,64	6,74	6,54	6,86	7,17
		von 60 m² bis unter 100 m²	5,75	5,84	5,66	5,94	6,20
		100 m² und mehr	5,77	5,86	5,68	5,97	6,22
	Zwei-familien-haus	unter 60 m²	6,77	6,87	6,65	7,00	7,29
		von 60 m² bis unter 100 m²	5,73	5,82	5,64	5,92	6,18
		100 m² und mehr	5,52	5,61	5,44	5,72	5,96
	Mietwohn-grundstück	unter 60 m²	7,54	7,66	7,42	7,79	8,14
		von 60 m² bis unter 100 m²	6,79	6,89	6,68	7,02	7,33
		100 m² und mehr	6,69	6,79	6,57	6,90	7,21

4

Land	Gebäude-art*	Wohnfläche** (je Wohnung)	Baujahr des Gebäudes				
			bis 1948	1949 bis 1978	1979 bis 1990	1991 bis 2000	ab 2001
Mecklenburg-Vorpommern	Ein-familien-haus	unter 60 m²	6,43	6,28	5,95	6,87	7,38
		von 60 m² bis unter 100 m²	5,57	5,44	5,15	5,95	6,38
		100 m² und mehr	5,59	5,46	5,17	5,97	6,40
	Zwei-familien-haus	unter 60 m²	6,87	6,72	6,36	7,35	7,88
		von 60 m² bis unter 100 m²	5,81	5,68	5,38	6,23	6,68
		100 m² und mehr	5,61	5,48	5,19	6,00	6,44
	Mietwohn-grundstück	unter 60 m²	6,85	6,70	6,34	7,33	7,86
		von 60 m² bis unter 100 m²	6,16	6,04	5,70	6,59	7,08
		100 m² und mehr	6,07	5,94	5,61	6,49	6,97
Niedersachsen	Ein-familien-haus	unter 60 m²	6,18	6,52	6,47	6,62	6,85
		von 60 m² bis unter 100 m²	5,35	5,65	5,60	5,73	5,92
		100 m² und mehr	5,37	5,67	5,62	5,76	5,94
	Zwei-familien-haus	unter 60 m²	6,40	6,75	6,70	6,85	7,09
		von 60 m² bis unter 100 m²	5,42	5,71	5,67	5,81	6,01
		100 m² und mehr	5,23	5,52	5,47	5,59	5,79
	Mietwohn-grundstück	unter 60 m²	6,88	7,28	7,21	7,38	7,64
		von 60 m² bis unter 100 m²	6,19	6,54	6,49	6,64	6,87
		100 m² und mehr	6,11	6,44	6,39	6,54	6,76

4

Vereinfachtes Ertragswertverfahren im Bundesmodell

Land	Gebäude-art*	Wohnfläche** (je Wohnung)	Baujahr des Gebäudes				
			bis 1948	1949 bis 1978	1979 bis 1990	1991 bis 2000	ab 2001
Nordrhein-Westfalen		unter 60 m²	6,29	6,52	6,54	6,63	6,95
		von 60 m² bis unter 100 m²	5,45	5,64	5,66	5,74	6,00
		100 m² und mehr	5,47	5,66	5,69	5,76	6,03
		unter 60 m²	6,42	6,64	6,66	6,76	7,07
		von 60 m² bis unter 100 m²	5,43	5,62	5,64	5,72	5,99
		100 m² und mehr	5,25	5,42	5,45	5,52	5,77
		unter 60 m²	6,59	6,82	6,84	6,94	7,25
		von 60 m² bis unter 100 m²	5,93	6,13	6,15	6,24	6,53
		100 m² und mehr	5,83	6,04	6,06	6,15	6,43
Rheinland-Pfalz	Ein-familien-haus	unter 60 m²	6,32	6,73	6,91	6,97	7,45
		von 60 m² bis unter 100 m²	5,48	5,83	5,98	6,03	6,44
		100 m² und mehr	5,50	5,85	6,00	6,05	6,46
	Zwei-familien-haus	unter 60 m²	6,24	6,65	6,84	6,88	7,37
		von 60 m² bis unter 100 m²	5,29	5,63	5,78	5,84	6,24
		100 m² und mehr	5,10	5,43	5,59	5,62	6,01
	Mietwohn-grundstück	unter 60 m²	6,88	7,33	7,54	7,60	8,11
		von 60 m² bis unter 100 m²	6,19	6,60	6,78	6,84	7,30
		100 m² und mehr	6,10	6,50	6,67	6,73	7,19

Land	Gebäude-art*	Wohnfläche** (je Wohnung)	Baujahr des Gebäudes				
			bis 1948	1949 bis 1978	1979 bis 1990	1991 bis 2000	ab 2001
Saarland	Ein-familien-haus	unter 60 m²	6,54	6,65	6,84	6,86	7,07
		von 60 m² bis unter 100 m²	5,67	5,75	5,92	5,94	6,11
		100 m² und mehr	5,69	5,77	5,94	5,96	6,13
	Zwei-familien-haus	unter 60 m²	6,99	7,09	7,31	7,34	7,55
		von 60 m² bis unter 100 m²	5,93	6,01	6,20	6,22	6,39
		100 m² und mehr	5,71	5,80	5,97	5,99	6,17
	Mietwohn-grundstück	unter 60 m²	7,27	7,36	7,59	7,62	7,84
		von 60 m² bis unter 100 m²	6,54	6,62	6,83	6,86	7,05
		100 m² und mehr	6,44	6,53	6,72	6,75	6,95
Sachsen	Ein-familien-haus	unter 60 m²	6,19	6,17	5,97	6,81	7,10
		von 60 m² bis unter 100 m²	5,37	5,34	5,17	5,89	6,14
		100 m² und mehr	5,39	5,37	5,19	5,91	6,16
	Zwei-familien-haus	unter 60 m²	6,20	6,18	5,98	6,82	7,11
		von 60 m² bis unter 100 m²	5,25	5,23	5,06	5,77	6,03
		100 m² und mehr	5,07	5,05	4,88	5,56	5,82
	Mietwohn-grundstück	unter 60 m²	6,47	6,43	6,22	7,09	7,41
		von 60 m² bis unter 100 m²	5,82	5,78	5,60	6,39	6,66
		100 m² und mehr	5,73	5,70	5,52	6,29	6,56

4

Vereinfachtes Ertragswertverfahren im Bundesmodell

Land	Gebäude-art*	Wohnfläche** (je Wohnung)	Baujahr des Gebäudes				
			bis 1948	1949 bis 1978	1979 bis 1990	1991 bis 2000	ab 2001
Sachsen-Anhalt	Ein-familien-haus	unter 60 m²	6,25	6,33	6,17	6,74	7,24
		von 60 m² bis unter 100 m²	5,42	5,48	5,34	5,83	6,26
		100 m² und mehr	5,44	5,50	5,36	5,86	6,28
	Zwei-familien-haus	unter 60 m²	6,16	6,22	6,07	6,64	7,13
		von 60 m² bis unter 100 m²	5,21	5,27	5,14	5,62	6,04
		100 m² und mehr	5,03	5,09	4,96	5,43	5,81
	Mietwohn-grundstück	unter 60 m²	6,37	6,44	6,27	6,86	7,37
		von 60 m² bis unter 100 m²	5,74	5,80	5,65	6,18	6,64
		100 m² und mehr	5,64	5,71	5,57	6,08	6,53
Schleswig-Holstein	Ein-familien-haus	unter 60 m²	6,57	6,90	7,00	7,20	7,64
		von 60 m² bis unter 100 m²	5,69	5,97	6,05	6,23	6,62
		100 m² und mehr	5,71	5,99	6,08	6,25	6,64
	Zwei-familien-haus	unter 60 m²	6,79	7,12	7,24	7,45	7,90
		von 60 m² bis unter 100 m²	5,75	6,04	6,13	6,31	6,69
		100 m² und mehr	5,55	5,82	5,91	6,08	6,45
	Mietwohn-grundstück	unter 60 m²	6,80	7,15	7,26	7,46	7,92
		von 60 m² bis unter 100 m²	6,12	6,43	6,53	6,71	7,12
		100 m² und mehr	6,03	6,33	6,43	6,61	7,03

4

Land	Gebäude-art*	Wohnfläche** (je Wohnung)	Baujahr des Gebäudes				
			bis 1948	1949 bis 1978	1979 bis 1990	1991 bis 2000	ab 2001
Thüringen	Ein-familien-haus	unter 60 m²	6,63	6,54	6,32	6,84	7,47
		von 60 m² bis unter 100 m²	5,74	5,67	5,47	5,92	6,46
		100 m² und mehr	5,76	5,69	5,49	5,94	6,48
	Zwei-familien-haus	unter 60 m²	6,48	6,39	6,17	6,69	7,29
		von 60 m² bis unter 100 m²	5,48	5,41	5,23	5,68	6,18
		100 m² und mehr	5,29	5,21	5,04	5,47	5,95
	Mietwohn-grundstück	unter 60 m²	6,64	6,55	6,33	6,85	7,48
		von 60 m² bis unter 100 m²	5,98	5,89	5,70	6,17	6,73
		100 m² und mehr	5,89	5,80	5,61	6,07	6,62

4

* Für Wohnungseigentum gelten die Nettokaltmieten für Mietwohngrundstücke.

** Flächen, die zu anderen als Wohnzwecken genutzt werden, gelten als Wohn-fläche. Für diese Flächen ist bei Mietwohngrundstücken die für Wohnungen mit einer Fläche unter 60 m² geltende monatliche Nettokaltmiete in Euro je Quadrat-meter Nutzfläche (ohne Zubehörräume) anzusetzen. Bei Ein- und Zweifamilien-häusern sind diese Flächen zu der jeweiligen Wohnfläche zu addieren.

Mieten für Stellplätze sind mit den Mieten der vorstehenden Tabelle nicht abgegolten. Für einen **Garagenstellplatz** ist als Nettokaltmiete ein **Festwert von 35 Euro/Monat** zusätzlich anzu-setzen. Der Festwert gilt pro Stellplatz. Ob es sich um einen Stell-platz in einer Einzel- oder in einer Tiefgarage handelt, ist gleich-gültig.

Wohnfläche

Die Listenmiete bezieht sich auf die Wohnfläche. Diese ist nach der Wohnflächenverordnung zu ermitteln. In der Praxis ergibt sich die Wohnfläche aus den Berechnungen des Architekten.

Mietniveaustufen

Eine Differenzierung der Listenmiete erfolgt durch die Berücksichtigung von Mietniveauunterschieden. Das führt zwischen den Gemeinden eines Landes zu Ab- oder Zuschlägen der Nettokaltmieten der Anlage 39 zum Bewertungsgesetz.

Es gelten folgende Mietniveaustufen:

	Zu- bzw. Abschlag
Mietniveaustufe 1	– 22,5 %
Mietniveaustufe 2	– 10,0 %
Mietniveaustufe 3	+/– 0 %
Mietniveaustufe 4	+ 10,0 %
Mietniveaustufe 5	+ 20,0 %
Mietniveaustufe 6 und höher	+ 32,5 %

Die gemeindebezogene Einordnung in die Mietniveaustufen soll in einer Rechtsverordnung zur Durchführung des § 254 Abs. 2 BewG veröffentlicht werden; jedoch liegt sie derzeit noch nicht vor.

Gemeindebezogene Einordnung in die Mietniveaustufen

Derzeit kann die gemeindebezogene Einordnung in die Mietniveaustufen aus der Übersicht der Mietstufen abgeleitet werden. Die ausführliche Übersicht finden Sie auf unserer Homepage unter: www.walhalla.de/immobilien

Bewirtschaftungskosten

Als Bewirtschaftungskosten werden die bei ordnungsgemäßer Bewirtschaftung und zulässiger Nutzung marktüblich entstehenden jährlichen

- Verwaltungskosten,

- Betriebskosten,

- Instandhaltungskosten und das

- Mietausfallwagnis

berücksichtigt, die nicht durch Umlagen oder sonstige Kostenübernahmen gedeckt sind.

Die pauschalierten Bewirtschaftungskosten für Verwaltung, Instandhaltung und Mietausfallwagnis in Prozent der Jahresmiete oder der üblichen Jahresmiete (ohne Betriebskosten) ergeben sich aus der nachstehend abgedruckten Anlage 40 zum Bewertungsgesetz.

4

Rest-nutzungs-dauer	Grundstücksart		
	1	2	3
	Ein- und Zweifamilien-häuser	Wohnungs- und Teil-eigentum	Mietwohn-grundstück
≥ 60 Jahre	18 %	23 %	21 %
40 bis 59 Jahre	21 %	25 %	23 %
20 bis 39 Jahre	25 %	29 %	27 %
< 20 Jahre	27 %	31 %	29 %

Ermittlung des abgezinsten Bodenwerts

Zur Ermittlung des abgezinsten Bodenwerts ist vom Bodenwert auszugehen. Dieser ist mit dem sich aus der Anlage 41 zum Bewertungsgesetz ergebenden Abzinsungsfaktor abzuzinsen.

Abweichende Grundstücksgrößen bei Ein- und Zweifamilienhäusern

Eine Besonderheit gilt für Ein- und Zweifamilienhäuser.

Der Bodenwert steigt bei kleiner werdenden Grundstücken ab einer Grundstücksgröße von ca. 500 Quadratmetern regelmäßig überproportional an. Bei größer werdenden Grundstücken geht die Minderung des Quadratmeterpreises im Verhältnis zur Fläche hingegen zurück und vermindert sich bei einer Grundstücksgröße von über 2.000 Quadratmeter nur noch marginal.

Diese Wertabhängigkeit des Bodenrichtwerts in Relation zur Fläche ist insbesondere bei Ein- und Zweifamilienhausgrundstücken gegeben. Im typisierten Ertragswertverfahren werden aus Vereinfachungsgründen für die Bewertung von Ein- und Zweifamilienhäusern zur Berücksichtigung abweichender Grundstücksgrößen beim Bodenwert in der Anlage 36 zum Bewertungsgesetz Umrechnungskoeffizienten vorgegeben. Veröffentlichungen der örtlichen Gutachterausschüsse zu entsprechenden Umrechnungskoeffizienten sind insoweit für Zwecke der Ermittlung von Grundsteuerwerten nicht zu berücksichtigen.

Umrechnungskoeffizienten nach Anlage 36

Es gelten folgende Umrechnungskoeffizienten der Anlage 36 zum Bewertungsgesetz zur Berücksichtigung abweichender Grundstücksgrößen beim Bodenwert von Ein- und Zweifamilienhäusern:

Grundstücksgröße	Umrechnungskoeffizient
< 250 m²	1,24
≥ 250 m²	1,19
≥ 300 m²	1,14
≥ 350 m²	1,10
≥ 400 m²	1,06
≥ 450 m²	1,03
≥ 500 m²	1,00

Grundstücksgröße	Umrechnungskoeffizient
≥ 550 m²	0,98
≥ 600 m²	0,95
≥ 650 m²	0,94
≥ 700 m²	0,92
≥ 750 m²	0,90
≥ 800 m²	0,89
≥ 850 m²	0,87
≥ 900 m²	0,86
≥ 950 m²	0,85
≥ 1.000 m²	0,84
≥ 1.050 m²	0,83
≥ 1.100 m²	0,82
≥ 1.150 m²	0,81
≥ 1.200 m²	0,80
≥ 1.250 m²	0,79
≥ 1.300 m²	0,78
≥ 1.350 m²	0,77
≥ 1.400 m²	0,76
≥ 1.450 m²	0,75
≥ 1.500 m²	0,74
≥ 1.550 m²	0,73
≥ 1.600 m²	0,72
≥ 1.650 m²	0,71
≥ 1.700 m²	0,70
≥ 1.750 m²	0,69
≥ 1.800 m²	0,68
≥ 1.850 m²	0,67
≥ 1.900 m²	0,66
≥ 1.950 m²	0,65
≥ 2.000 m²	0,64

4

Abzinsungsfaktor

Der jeweilige Abzinsungsfaktor bestimmt sich nach dem

- Liegenschaftszinssatz und der
- Restnutzungsdauer des Gebäudes.

Die maßgebenden Abzinsungsfaktoren ergeben sich aus der nachstehend abgedruckten Anlage 41 zum Bewertungsgesetz.

Rest-nut-zungs-dauer (Jahre)	Zinssatz										
	1,5 %	1,6 %	1,7 %	1,8 %	1,9 %	2,0 %	2,1 %	2,2 %	2,3 %	2,4 %	2,5 %
1	0,9852	0,9843	0,9833	0,9823	0,9814	0,9804	0,9794	0,9785	0,9775	0,9766	0,9756
2	0,9707	0,9688	0,9668	0,9649	0,9631	0,9612	0,9593	0,9574	0,9555	0,9537	0,9518
3	0,9563	0,9535	0,9507	0,9479	0,9451	0,9423	0,9396	0,9368	0,9341	0,9313	0,9286
4	0,9422	0,9385	0,9348	0,9311	0,9275	0,9238	0,9202	0,9166	0,9131	0,9095	0,9060
5	0,9283	0,9237	0,9192	0,9147	0,9102	0,9057	0,9013	0,8969	0,8925	0,8882	0,8839
6	0,9145	0,9092	0,9038	0,8985	0,8932	0,8880	0,8828	0,8776	0,8725	0,8674	0,8623
7	0,9010	0,8948	0,8887	0,8826	0,8766	0,8706	0,8646	0,8587	0,8528	0,8470	0,8413
8	0,8877	0,8807	0,8738	0,8670	0,8602	0,8535	0,8468	0,8402	0,8337	0,8272	0,8207
9	0,8746	0,8669	0,8592	0,8517	0,8442	0,8368	0,8294	0,8221	0,8149	0,8078	0,8007
10	0,8617	0,8532	0,8449	0,8366	0,8284	0,8203	0,8123	0,8044	0,7966	0,7889	0,7812
11	0,8489	0,8398	0,8307	0,8218	0,8130	0,8043	0,7956	0,7871	0,7787	0,7704	0,7621
12	0,8364	0,8266	0,8169	0,8073	0,7978	0,7885	0,7793	0,7702	0,7612	0,7523	0,7436
13	0,8240	0,8135	0,8032	0,7930	0,7830	0,7730	0,7632	0,7536	0,7441	0,7347	0,7254
14	0,8118	0,8007	0,7898	0,7790	0,7684	0,7579	0,7475	0,7374	0,7273	0,7175	0,7077
15	0,7999	0,7881	0,7766	0,7652	0,7540	0,7430	0,7322	0,7215	0,7110	0,7006	0,6905
16	0,7880	0,7757	0,7636	0,7517	0,7400	0,7284	0,7171	0,7060	0,6950	0,6842	0,6736
17	0,7764	0,7635	0,7508	0,7384	0,7262	0,7142	0,7024	0,6908	0,6794	0,6682	0,6572
18	0,7649	0,7515	0,7383	0,7253	0,7126	0,7002	0,6879	0,6759	0,6641	0,6525	0,6412
19	0,7536	0,7396	0,7259	0,7125	0,6993	0,6864	0,6738	0,6614	0,6492	0,6372	0,6255
20	0,7425	0,7280	0,7138	0,6999	0,6863	0,6730	0,6599	0,6471	0,6346	0,6223	0,6103
21	0,7315	0,7165	0,7019	0,6875	0,6735	0,6598	0,6463	0,6332	0,6203	0,6077	0,5954

Rest-nut-zungs-dauer (Jahre)	Zinssatz										
	1,5 %	1,6 %	1,7 %	1,8 %	1,9 %	2,0 %	2,1 %	2,2 %	2,3 %	2,4 %	2,5 %
22	0,7207	0,7052	0,6901	0,6754	0,6609	0,6468	0,6330	0,6196	0,6064	0,5935	0,5809
23	0,7100	0,6941	0,6786	0,6634	0,6486	0,6342	0,6200	0,6062	0,5927	0,5796	0,5667
24	0,6995	0,6832	0,6673	0,6517	0,6365	0,6217	0,6073	0,5932	0,5794	0,5660	0,5529
25	0,6892	0,6724	0,6561	0,6402	0,6247	0,6095	0,5948	0,5804	0,5664	0,5527	0,5394
26	0,6790	0,6619	0,6451	0,6289	0,6130	0,5976	0,5825	0,5679	0,5536	0,5398	0,5262
27	0,6690	0,6514	0,6344	0,6177	0,6016	0,5859	0,5706	0,5557	0,5412	0,5271	0,5134
28	0,6591	0,6412	0,6238	0,6068	0,5904	0,5744	0,5588	0,5437	0,5290	0,5148	0,5009
29	0,6494	0,6311	0,6133	0,5961	0,5794	0,5631	0,5473	0,5320	0,5171	0,5027	0,4887
30	0,6398	0,6211	0,6031	0,5856	0,5686	0,5521	0,5361	0,5206	0,5055	0,4909	0,4767
31	0,6303	0,6114	0,5930	0,5752	0,5580	0,5412	0,5251	0,5094	0,4941	0,4794	0,4651
32	0,6210	0,6017	0,5831	0,5650	0,5476	0,5306	0,5143	0,4984	0,4830	0,4682	0,4538
33	0,6118	0,5923	0,5733	0,5550	0,5373	0,5202	0,5037	0,4877	0,4722	0,4572	0,4427
34	0,6028	0,5829	0,5638	0,5452	0,5273	0,5100	0,4933	0,4772	0,4616	0,4465	0,4319
35	0,5939	0,5737	0,5543	0,5356	0,5175	0,5000	0,4832	0,4669	0,4512	0,4360	0,4214
36	0,5851	0,5647	0,5451	0,5261	0,5078	0,4902	0,4732	0,4568	0,4410	0,4258	0,4111
37	0,5764	0,5558	0,5360	0,5168	0,4984	0,4806	0,4635	0,4470	0,4311	0,4158	0,4011
38	0,5679	0,5471	0,5270	0,5077	0,4891	0,4712	0,4540	0,4374	0,4214	0,4061	0,3913
39	0,5595	0,5385	0,5182	0,4987	0,4800	0,4619	0,4446	0,4280	0,4120	0,3966	0,3817
40	0,5513	0,5300	0,5095	0,4899	0,4710	0,4529	0,4355	0,4188	0,4027	0,3873	0,3724
41	0,5431	0,5216	0,5010	0,4812	0,4622	0,4440	0,4265	0,4097	0,3936	0,3782	0,3633
42	0,5351	0,5134	0,4926	0,4727	0,4536	0,4353	0,4178	0,4009	0,3848	0,3693	0,3545
43	0,5272	0,5053	0,4844	0,4644	0,4452	0,4268	0,4092	0,3923	0,3761	0,3607	0,3458
44	0,5194	0,4974	0,4763	0,4561	0,4369	0,4184	0,4007	0,3838	0,3677	0,3522	0,3374
45	0,5117	0,4895	0,4683	0,4481	0,4287	0,4102	0,3925	0,3756	0,3594	0,3440	0,3292
46	0,5042	0,4818	0,4605	0,4402	0,4207	0,4022	0,3844	0,3675	0,3513	0,3359	0,3211
47	0,4967	0,4742	0,4528	0,4324	0,4129	0,3943	0,3765	0,3596	0,3434	0,3280	0,3133
48	0,4894	0,4668	0,4452	0,4247	0,4052	0,3865	0,3688	0,3518	0,3357	0,3203	0,3057

4

Vereinfachtes Ertragswertverfahren im Bundesmodell

Rest-nut-zungs-dauer (Jahre)	Zinssatz										
	1,5 %	1,6 %	1,7 %	1,8 %	1,9 %	2,0 %	2,1 %	2,2 %	2,3 %	2,4 %	2,5 %
49	0,4821	0,4594	0,4378	0,4172	0,3976	0,3790	0,3612	0,3443	0,3282	0,3128	0,2982
50	0,4750	0,4522	0,4305	0,4098	0,3902	0,3715	0,3538	0,3369	0,3208	0,3055	0,2909
51	0,4680	0,4451	0,4233	0,4026	0,3829	0,3642	0,3465	0,3296	0,3136	0,2983	0,2838
52	0,4611	0,4381	0,4162	0,3955	0,3758	0,3571	0,3394	0,3225	0,3065	0,2913	0,2769
53	0,4543	0,4312	0,4093	0,3885	0,3688	0,3501	0,3324	0,3156	0,2996	0,2845	0,2702
54	0,4475	0,4244	0,4024	0,3816	0,3619	0,3432	0,3255	0,3088	0,2929	0,2778	0,2636
55	0,4409	0,4177	0,3957	0,3749	0,3552	0,3365	0,3188	0,3021	0,2863	0,2713	0,2572
56	0,4344	0,4111	0,3891	0,3682	0,3485	0,3299	0,3123	0,2956	0,2799	0,2650	0,2509
57	0,4280	0,4046	0,3826	0,3617	0,3420	0,3234	0,3059	0,2893	0,2736	0,2588	0,2448
58	0,4217	0,3983	0,3762	0,3553	0,3357	0,3171	0,2996	0,2830	0,2674	0,2527	0,2388
59	0,4154	0,3920	0,3699	0,3490	0,3294	0,3109	0,2934	0,2769	0,2614	0,2468	0,2330
60	0,4093	0,3858	0,3637	0,3429	0,3233	0,3048	0,2874	0,2710	0,2555	0,2410	0,2273
61	0,4032	0,3797	0,3576	0,3368	0,3172	0,2988	0,2815	0,2652	0,2498	0,2353	0,2217
62	0,3973	0,3738	0,3516	0,3309	0,3113	0,2929	0,2757	0,2594	0,2442	0,2298	0,2163
63	0,3914	0,3679	0,3458	0,3250	0,3055	0,2872	0,2700	0,2539	0,2387	0,2244	0,2111
64	0,3856	0,3621	0,3400	0,3193	0,2998	0,2816	0,2645	0,2484	0,2333	0,2192	0,2059
65	0,3799	0,3564	0,3343	0,3136	0,2942	0,2761	0,2590	0,2430	0,2281	0,2140	0,2009
66	0,3743	0,3508	0,3287	0,3081	0,2887	0,2706	0,2537	0,2378	0,2230	0,2090	0,1960
67	0,3688	0,3452	0,3232	0,3026	0,2834	0,2653	0,2485	0,2327	0,2179	0,2041	0,1912
68	0,3633	0,3398	0,3178	0,2973	0,2781	0,2601	0,2434	0,2277	0,2130	0,1993	0,1865
69	0,3580	0,3345	0,3125	0,2920	0,2729	0,2550	0,2384	0,2228	0,2082	0,1947	0,1820
70	0,3527	0,3292	0,3073	0,2869	0,2678	0,2500	0,2335	0,2180	0,2036	0,1901	0,1776
71	0,3475	0,3240	0,3021	0,2818	0,2628	0,2451	0,2287	0,2133	0,1990	0,1857	0,1732
72	0,3423	0,3189	0,2971	0,2768	0,2579	0,2403	0,2239	0,2087	0,1945	0,1813	0,1690
73	0,3373	0,3139	0,2921	0,2719	0,2531	0,2356	0,2193	0,2042	0,1901	0,1771	0,1649
74	0,3323	0,3089	0,2872	0,2671	0,2484	0,2310	0,2148	0,1998	0,1859	0,1729	0,1609
75	0,3274	0,3041	0,2824	0,2624	0,2437	0,2265	0,2104	0,1955	0,1817	0,1689	0,1569

Rest-nut-zungs-dauer (Jahre)	Zinssatz										
	1,5 %	1,6 %	1,7 %	1,8 %	1,9 %	2,0 %	2,1 %	2,2 %	2,3 %	2,4 %	2,5 %
76	0,3225	0,2993	0,2777	0,2577	0,2392	0,2220	0,2061	0,1913	0,1776	0,1649	0,1531
77	0,3178	0,2946	0,2731	0,2532	0,2347	0,2177	0,2018	0,1872	0,1736	0,1610	0,1494
78	0,3131	0,2899	0,2685	0,2487	0,2304	0,2134	0,1977	0,1832	0,1697	0,1573	0,1457
79	0,3084	0,2854	0,2640	0,2443	0,2261	0,2092	0,1936	0,1792	0,1659	0,1536	0,1422
80	0,3039	0,2809	0,2596	0,2400	0,2219	0,2051	0,1896	0,1754	0,1622	0,1500	0,1387
81	0,2994	0,2764	0,2553	0,2357	0,2177	0,2011	0,1857	0,1716	0,1585	0,1465	0,1353
82	0,2950	0,2721	0,2510	0,2316	0,2137	0,1971	0,1819	0,1679	0,1550	0,1430	0,1320
83	0,2906	0,2678	0,2468	0,2275	0,2097	0,1933	0,1782	0,1643	0,1515	0,1397	0,1288
84	0,2863	0,2636	0,2427	0,2235	0,2058	0,1895	0,1745	0,1607	0,1481	0,1364	0,1257
85	0,2821	0,2594	0,2386	0,2195	0,2019	0,1858	0,1709	0,1573	0,1447	0,1332	0,1226
86	0,2779	0,2554	0,2346	0,2156	0,1982	0,1821	0,1674	0,1539	0,1415	0,1301	0,1196
87	0,2738	0,2513	0,2307	0,2118	0,1945	0,1786	0,1640	0,1506	0,1383	0,1270	0,1167
88	0,2698	0,2474	0,2269	0,2081	0,1908	0,1751	0,1606	0,1473	0,1352	0,1241	0,1138
89	0,2658	0,2435	0,2231	0,2044	0,1873	0,1716	0,1573	0,1442	0,1322	0,1211	0,1111
90	0,2619	0,2396	0,2193	0,2008	0,1838	0,1683	0,1541	0,1411	0,1292	0,1183	0,1084
91	0,2580	0,2359	0,2157	0,1972	0,1804	0,1650	0,1509	0,1380	0,1263	0,1155	0,1057
92	0,2542	0,2322	0,2121	0,1937	0,1770	0,1617	0,1478	0,1351	0,1234	0,1128	0,1031
93	0,2504	0,2285	0,2085	0,1903	0,1737	0,1586	0,1447	0,1321	0,1207	0,1102	0,1006
94	0,2467	0,2249	0,2050	0,1869	0,1705	0,1554	0,1418	0,1293	0,1179	0,1076	0,0982
95	0,2431	0,2214	0,2016	0,1836	0,1673	0,1524	0,1389	0,1265	0,1153	0,1051	0,0958
96	0,2395	0,2179	0,1982	0,1804	0,1642	0,1494	0,1360	0,1238	0,1127	0,1026	0,0934
97	0,2359	0,2144	0,1949	0,1772	0,1611	0,1465	0,1332	0,1211	0,1102	0,1002	0,0912
98	0,2324	0,2111	0,1917	0,1741	0,1581	0,1436	0,1305	0,1185	0,1077	0,0979	0,0889
99	0,2290	0,2077	0,1885	0,1710	0,1552	0,1408	0,1278	0,1160	0,1053	0,0956	0,0868
100	0,2256	0,2045	0,1853	0,1680	0,1523	0,1380	0,1251	0,1135	0,1029	0,0933	0,0846

4

Vereinfachtes Ertragswertverfahren im Bundesmodell

Rest-nut-zungs-dauer (Jahre)	Zinssatz							
	2,6 %	2,7 %	2,8 %	2,9 %	3,0 %	3,5 %	4 %	4,5 %
1	0,9747	0,9737	0,9728	0,9718	0,9709	0,9662	0,9615	0,9569
2	0,9500	0,9481	0,9463	0,9444	0,9426	0,9335	0,9246	0,9157
3	0,9259	0,9232	0,9205	0,9178	0,9151	0,9019	0,8890	0,8763
4	0,9024	0,8989	0,8954	0,8919	0,8885	0,8714	0,8548	0,8386
5	0,8796	0,8753	0,8710	0,8668	0,8626	0,8420	0,8219	0,8025
6	0,8573	0,8523	0,8473	0,8424	0,8375	0,8135	0,7903	0,7679
7	0,8355	0,8299	0,8242	0,8186	0,8131	0,7860	0,7599	0,7348
8	0,8144	0,8080	0,8018	0,7956	0,7894	0,7594	0,7307	0,7032
9	0,7937	0,7868	0,7799	0,7731	0,7664	0,7337	0,7026	0,6729
10	0,7736	0,7661	0,7587	0,7514	0,7441	0,7089	0,6756	0,6439
11	0,7540	0,7460	0,7380	0,7302	0,7224	0,6849	0,6496	0,6162
12	0,7349	0,7264	0,7179	0,7096	0,7014	0,6618	0,6246	0,5897
13	0,7163	0,7073	0,6984	0,6896	0,6810	0,6394	0,6006	0,5643
14	0,6981	0,6887	0,6794	0,6702	0,6611	0,6178	0,5775	0,5400
15	0,6804	0,6706	0,6609	0,6513	0,6419	0,5969	0,5553	0,5167
16	0,6632	0,6529	0,6429	0,6329	0,6232	0,5767	0,5339	0,4945
17	0,6464	0,6358	0,6253	0,6151	0,6050	0,5572	0,5134	0,4732
18	0,6300	0,6191	0,6083	0,5978	0,5874	0,5384	0,4936	0,4528
19	0,6140	0,6028	0,5917	0,5809	0,5703	0,5202	0,4746	0,4333
20	0,5985	0,5869	0,5756	0,5645	0,5537	0,5026	0,4564	0,4146
21	0,5833	0,5715	0,5599	0,5486	0,5375	0,4856	0,4388	0,3968
22	0,5685	0,5565	0,5447	0,5332	0,5219	0,4692	0,4220	0,3797
23	0,5541	0,5419	0,5299	0,5181	0,5067	0,4533	0,4057	0,3634
24	0,5401	0,5276	0,5154	0,5035	0,4919	0,4380	0,3901	0,3477
25	0,5264	0,5137	0,5014	0,4893	0,4776	0,4231	0,3751	0,3327
26	0,5131	0,5002	0,4877	0,4756	0,4637	0,4088	0,3607	0,3184
27	0,5001	0,4871	0,4744	0,4622	0,4502	0,3950	0,3468	0,3047
28	0,4874	0,4743	0,4615	0,4491	0,4371	0,3817	0,3335	0,2916

Rest-nut-zungs-dauer (Jahre)	Zinssatz							
	2,6 %	2,7 %	2,8 %	2,9 %	3,0 %	3,5 %	4 %	4,5 %
29	0,4750	0,4618	0,4490	0,4365	0,4243	0,3687	0,3207	0,2790
30	0,4630	0,4497	0,4367	0,4242	0,4120	0,3563	0,3083	0,2670
31	0,4513	0,4378	0,4248	0,4122	0,4000	0,3442	0,2965	0,2555
32	0,4398	0,4263	0,4133	0,4006	0,3883	0,3326	0,2851	0,2445
33	0,4287	0,4151	0,4020	0,3893	0,3770	0,3213	0,2741	0,2340
34	0,4178	0,4042	0,3911	0,3783	0,3660	0,3105	0,2636	0,2239
35	0,4072	0,3936	0,3804	0,3677	0,3554	0,3000	0,2534	0,2143
36	0,3969	0,3832	0,3700	0,3573	0,3450	0,2898	0,2437	0,2050
37	0,3869	0,3732	0,3600	0,3472	0,3350	0,2800	0,2343	0,1962
38	0,3771	0,3633	0,3502	0,3375	0,3252	0,2706	0,2253	0,1878
39	0,3675	0,3538	0,3406	0,3279	0,3158	0,2614	0,2166	0,1797
40	0,3582	0,3445	0,3313	0,3187	0,3066	0,2526	0,2083	0,1719
41	0,3491	0,3354	0,3223	0,3097	0,2976	0,2440	0,2003	0,1645
42	0,3403	0,3266	0,3135	0,3010	0,2890	0,2358	0,1926	0,1574
43	0,3316	0,3180	0,3050	0,2925	0,2805	0,2278	0,1852	0,1507
44	0,3232	0,3097	0,2967	0,2843	0,2724	0,2201	0,1780	0,1442
45	0,3150	0,3015	0,2886	0,2763	0,2644	0,2127	0,1712	0,1380
46	0,3071	0,2936	0,2807	0,2685	0,2567	0,2055	0,1646	0,1320
47	0,2993	0,2859	0,2731	0,2609	0,2493	0,1985	0,1583	0,1263
48	0,2917	0,2784	0,2657	0,2535	0,2420	0,1918	0,1522	0,1209
49	0,2843	0,2710	0,2584	0,2464	0,2350	0,1853	0,1463	0,1157
50	0,2771	0,2639	0,2514	0,2395	0,2281	0,1791	0,1407	0,1107
51	0,2701	0,2570	0,2445	0,2327	0,2215	0,1730	0,1353	0,1059
52	0,2632	0,2502	0,2379	0,2262	0,2150	0,1671	0,1301	0,1014
53	0,2566	0,2437	0,2314	0,2198	0,2088	0,1615	0,1251	0,0970
54	0,2501	0,2372	0,2251	0,2136	0,2027	0,1560	0,1203	0,0928
55	0,2437	0,2310	0,2190	0,2076	0,1968	0,1508	0,1157	0,0888
56	0,2375	0,2249	0,2130	0,2017	0,1910	0,1457	0,1112	0,0850

4

Vereinfachtes Ertragswertverfahren im Bundesmodell

Rest-nut-zungs-dauer (Jahre)	Zinssatz							
	2,6 %	2,7 %	2,8 %	2,9 %	3,0 %	3,5 %	4 %	4,5 %
57	0,2315	0,2190	0,2072	0,1960	0,1855	0,1407	0,1069	0,0814
58	0,2257	0,2133	0,2016	0,1905	0,1801	0,1360	0,1028	0,0778
59	0,2199	0,2077	0,1961	0,1851	0,1748	0,1314	0,0989	0,0745
60	0,2144	0,2022	0,1907	0,1799	0,1697	0,1269	0,0951	0,0713
61	0,2089	0,1969	0,1855	0,1748	0,1648	0,1226	0,0914	0,0682
62	0,2036	0,1917	0,1805	0,1699	0,1600	0,1185	0,0879	0,0653
63	0,1985	0,1867	0,1756	0,1651	0,1553	0,1145	0,0845	0,0625
64	0,1935	0,1818	0,1708	0,1605	0,1508	0,1106	0,0813	0,0598
65	0,1885	0,1770	0,1661	0,1560	0,1464	0,1069	0,0781	0,0572
66	0,1838	0,1723	0,1616	0,1516	0,1421	0,1033	0,0751	0,0547
67	0,1791	0,1678	0,1572	0,1473	0,1380	0,0998	0,0722	0,0524
68	0,1746	0,1634	0,1529	0,1431	0,1340	0,0964	0,0695	0,0501
69	0,1702	0,1591	0,1488	0,1391	0,1301	0,0931	0,0668	0,0480
70	0,1658	0,1549	0,1447	0,1352	0,1263	0,0900	0,0642	0,0459
71	0,1616	0,1508	0,1408	0,1314	0,1226	0,0869	0,0617	0,0439
72	0,1575	0,1469	0,1369	0,1277	0,1190	0,0840	0,0594	0,0420
73	0,1535	0,1430	0,1332	0,1241	0,1156	0,0812	0,0571	0,0402
74	0,1497	0,1392	0,1296	0,1206	0,1122	0,0784	0,0549	0,0385
75	0,1459	0,1356	0,1260	0,1172	0,1089	0,0758	0,0528	0,0368
76	0,1422	0,1320	0,1226	0,1139	0,1058	0,0732	0,0508	0,0353
77	0,1386	0,1286	0,1193	0,1107	0,1027	0,0707	0,0488	0,0337
78	0,1351	0,1252	0,1160	0,1075	0,0997	0,0683	0,0469	0,0323
79	0,1316	0,1219	0,1129	0,1045	0,0968	0,0660	0,0451	0,0309
80	0,1283	0,1187	0,1098	0,1016	0,0940	0,0638	0,0434	0,0296
81	0,1250	0,1156	0,1068	0,0987	0,0912	0,0616	0,0417	0,0283
82	0,1219	0,1125	0,1039	0,0959	0,0886	0,0596	0,0401	0,0271
83	0,1188	0,1096	0,1011	0,0932	0,0860	0,0575	0,0386	0,0259
84	0,1158	0,1067	0,0983	0,0906	0,0835	0,0556	0,0371	0,0248

4

Rest-nut-zungs-dauer (Jahre)	Zinssatz							
	2,6 %	2,7 %	2,8 %	2,9 %	3,0 %	3,5 %	4 %	4,5 %
85	0,1128	0,1039	0,0956	0,0880	0,0811	0,0537	0,0357	0,0237
86	0,1100	0,1011	0,0930	0,0856	0,0787	0,0519	0,0343	0,0227
87	0,1072	0,0985	0,0905	0,0832	0,0764	0,0501	0,0330	0,0217
88	0,1045	0,0959	0,0880	0,0808	0,0742	0,0484	0,0317	0,0208
89	0,1018	0,0934	0,0856	0,0785	0,0720	0,0468	0,0305	0,0199
90	0,0993	0,0909	0,0833	0,0763	0,0699	0,0452	0,0293	0,0190
91	0,0967	0,0885	0,0810	0,0742	0,0679	0,0437	0,0282	0,0182
92	0,0943	0,0862	0,0788	0,0721	0,0659	0,0422	0,0271	0,0174
93	0,0919	0,0839	0,0767	0,0700	0,0640	0,0408	0,0261	0,0167
94	0,0896	0,0817	0,0746	0,0681	0,0621	0,0394	0,0251	0,0160
95	0,0873	0,0796	0,0726	0,0662	0,0603	0,0381	0,0241	0,0153
96	0,0851	0,0775	0,0706	0,0643	0,0586	0,0368	0,0232	0,0146
97	0,0829	0,0755	0,0687	0,0625	0,0569	0,0355	0,0223	0,0140
98	0,0808	0,0735	0,0668	0,0607	0,0552	0,0343	0,0214	0,0134
99	0,0788	0,0715	0,0650	0,0590	0,0536	0,0332	0,0206	0,0128
100	0,0768	0,0697	0,0632	0,0573	0,0520	0,0321	0,0198	0,0123

4

Berechnungsvorschrift für die Abzinsungsfaktoren (Barwert-faktoren für die Abzinsung):

$$\text{Abzinsungsfaktor} = \frac{1}{q^n}$$

$$q = 1 + LZ \quad \text{wobei } LZ = \frac{p}{100}$$

LZ = Zinssatz (Liegenschaftszinssatz)
n = Restnutzungsdauer
p = Zinsfuß

Selbstständig nutzbare Teilfläche

Der Bodenwert ist vor der Abzinsung über die wirtschaftliche Restnutzungsdauer des Gebäudes – in seltenen Fällen – um den Wert selbstständig nutzbarer Teilflächen zu korrigieren, soweit diese nicht ohnehin eine gesonderte wirtschaftliche Einheit bilden und gesondert bewertet werden.

Wichtig: Der Bodenwert der selbstständig nutzbaren Teilflächen ist zum abgezinsten Wert der zum Gebäude gehörenden Teilfläche zu addieren.

Eine selbständig nutzbare Teilfläche ist ein Teil eines Grundstücks, der für die angemessene Nutzung der Gebäude nicht benötigt wird und selbständig genutzt oder verwertet werden kann.

4

Hinweis:

In der Praxis dürfte überwiegend davon auszugehen sein, dass bei einer selbstständigen Verwertbarkeit von Fläche eine eigenständige wirtschaftliche Einheit vorliegt.

Mindestwert

Der für ein bebautes Grundstück anzusetzende Wert darf nicht geringer sein als 75 Prozent des Werts, mit dem der Grund und Boden allein als unbebautes Grundstück zu bewerten wäre.

Es entspricht den Gepflogenheiten des Grundstücksverkehrs, dass der Käufer eines bebauten Grundstücks zumindest denjenigen Preis zahlen wird, der dem gemeinen Wert des unbebauten Grund und Bodens abzüglich etwaiger Freilegungskosten entspricht.

Mit dem Abschlag von 25 Prozent vom Wert des unbebauten Grundstücks werden insbesondere die üblichen Freilegungskosten in sogenannten Liquidationsfällen, in denen der nicht abgezinste Bodenwert ohne Berücksichtigung der Freilegungskosten den im Ertragswertverfahren ermittelten Wert erreicht oder übersteigt, typisierend berücksichtigt.

Sachwertverfahren im Bundesmodell

Bewertungsverfahren 80

Schema zur Ermittlung des Grundsteuerwerts 81

Bodenwert 81

Ermittlung des Gebäudesachwerts 82

Normalherstellungskosten 82

Wertzahlen 87

Brutto-Grundfläche 88

Pauschale Berücksichtigung von Außenanlagen 91

5

Bewertungsverfahren

Für Nichtwohngebäude ist der Grundsteuerwert im Sachwertverfahren zu ermitteln. Somit sind Geschäftsgrundstücke, gemischt genutzte Grundstücke, das Teileigentum und auch sonstige bebaute Grundstücke im Sachwertverfahren zu bewerten.

Bei Anwendung des Sachwertverfahrens ist der Wert der Gebäude – der sogenannte Gebäudesachwert – getrennt vom Bodenwert zu ermitteln.

Die Ermittlung ergibt sich aus der folgenden Übersicht:

Bodenwert
zzgl. Gebäudesachwert

Vorläufiger Sachwert des Grundstücks
x Wertzahl

= Grundsteuerwert im Sachwertverfahren

Objektspezifische Grundstücksmerkmale sind im Rahmen der typisierenden Wertermittlung aus Vereinfachungsgründen nicht zu berücksichtigen.

Schema zur Ermittlung des Grundsteuerwerts

Das typisierte Sachwertverfahren erfolgt im Einzelnen nach folgendem Schema:

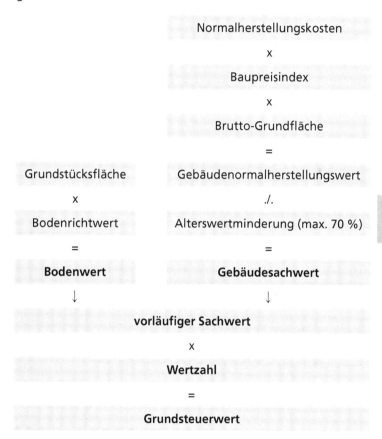

Normalherstellungskosten

x

Baupreisindex

x

Brutto-Grundfläche

=

	Gebäudenormalherstellungswert
Grundstücksfläche	
x	./.
Bodenrichtwert	Alterswertminderung (max. 70 %)
=	=
Bodenwert	**Gebäudesachwert**
↓	↓

vorläufiger Sachwert

x

Wertzahl

=

Grundsteuerwert

Bodenwert

Der Bodenwert entspricht dem Wert, der für unbebaute Grundstücke anzusetzen ist. Dieser ergibt sich durch Multiplikation des Bodenrichtwerts mit der Grundstücksfläche.

Ermittlung des Gebäudesachwerts

Bei der Ermittlung des Gebäudesachwerts ist von den Normalherstellungskosten des Gebäudes auszugehen, die sich aus Anlage 42 zum Bewertungsgesetz ergeben.

Der Gebäudenormalherstellungswert ergibt sich durch Multiplikation der Normalherstellungskosten mit der Brutto-Grundfläche des Gebäudes. Die jeweiligen Normalherstellungskosten sind dabei durch einen Baupreisindex an den Hauptfeststellungszeitpunkt anzupassen.

Zur Ermittlung des Gebäudesachwerts gilt folgende Übersicht:

Angepasste Normalherstellungskosten
x Brutto-Grundfläche

= Gebäudenormalherstellungswert
abzgl. Alterswertminderung

Gebäudewert, mindestens 30 Prozent des Gebäudenormalherstellungswerts
= Gebäudesachwert

Normalherstellungskosten

Zur Ermittlung des Gebäudesachwerts ist nicht von den tatsächlichen, sondern von den gewöhnlichen Herstellungskosten für die jeweilige Gebäudeart und Flächeneinheit auszugehen. Die gewöhnlichen Herstellungskosten, also die Normalherstellungskosten, ergeben sich aus der Anlage 42 zum Bewertungsgesetz.

Die Normalherstellungskosten ergeben sich in Abhängigkeit von der Gebäudeart. Der Gesetzgeber hat sich dazu entschieden, möglichst wenige Gebäudetypen zu definieren.

Hinweis:

In jedem Fall haben Sie als Steuerzahler für jeden Gebäudeteil nur insgesamt eine einzige Auswahl aus dem Katalog der insgesamt 19 Gebäudearten zu treffen.

Die Normalherstellungskosten sind in Euro/Quadratmeter Brutto-Grundfläche ausgewiesen. Die Tabelle enthält die Normalherstellungskosten 2010 (NHK 2010), einschließlich Baunebenkosten und Umsatzsteuer für die jeweilige Gebäudeart sowie eines pauschalen Zuschlags für bauliche Anlagen, insbesondere Außenanlagen, und sonstige Anlagen von 3 Prozent.

Aus der nachstehend abgedruckten Anlage 42 zum Bewertungsgesetz ergeben sich in Abhängigkeit vom Gebäudealter folgende Normalherstellungskosten (NHK).

	Gebäudeart	Baujahrgruppe		
		vor 1995 in Euro	1995 bis 2004 in Euro	ab 2005 in Euro
1	Gemischt genutzte Grundstücke (Wohnhäuser mit Mischnutzung)	695	886	1.118
2	Banken und ähnliche Geschäftshäuser	736	937	1.494
3	Bürogebäude, Verwaltungsgebäude	839	1.071	1.736
4	Gemeindezentren, Vereinsheime, Saalbauten, Veranstaltungsgebäude	1.004	1.282	1.555
5	Kindergärten (Kindertagesstätten), allgemeinbildende Schulen, berufsbildende, Schulen, Hochschulen, Sonderschulen	1.164	1.488	1.710
6	Wohnheime, Internate, Alten-, Pflegeheime	876	1.118	1.370
7	Krankenhäuser, Kliniken, Tageskliniken, Ärztehäuser	1.334	1.705	2.075
8	Beherbergungsstätten, Hotels, Verpflegungseinrichtungen	1.118	1.427	1.859
9.1	Sporthallen	1.133	1.447	1.777
9.2	Tennishallen	814	1.040	1.226
9.3	Freizeitbäder, Kur- und Heilbäder	1.978	2.524	3.075
10.1	Verbrauchermärkte	582	742	896
10.2	Kauf- und Warenhäuser	1.066	1.360	1.633
10.3	Autohäuser ohne Werkstatt	757	968	1.277

5

Sachwertverfahren im Bundesmodell

	Gebäudeart	Baujahrgruppe		
		vor 1995 in Euro	1995 bis 2004 in Euro	ab 2005 in Euro
11.1	Betriebs- und Werkstätten eingeschossig oder mehrgeschossig ohne Hallenanteil; Industrielle Produktionsgebäude, Massivbauweise	762	973	1.200
11.2	Betriebs- und Werkstätten, mehrgeschossig, hoher Hallenanteil; Industrielle Produktionsgebäude, überwiegend Skelettbauweise	536	680	942
12.1	Lagergebäude ohne Mischnutzung, Kaltlager	283	361	505
12.2	Lagergebäude mit bis zu 25 Prozent Mischnutzung	443	567	711
12.3	Lagergebäude mit mehr als 25 Prozent Mischnutzung	716	917	1.128
13	Museen, Theater, Sakralbauten	1.514	1.875	2.395
14	Reithallen, ehemalige landwirtschaftliche Mehrzweckhallen, Scheunen und Ähnliches	263		
15	Stallbauten	422		
16	Hochgaragen, Tiefgaragen und Nutzfahrzeuggaragen	623		
17	Einzelgaragen, Mehrfachgaragen	500		
18	Carports und Ähnliches	196		
19	**Teileigentum** Teileigentum ist in Abhängigkeit von der baulichen Gestaltung den vorstehenden Gebäudearten zuzuordnen.			
20	**Auffangklausel** Normalherstellungskosten für nicht aufgeführte Gebäudearten sind aus den Normalherstellungskosten vergleichbarer Gebäudearten abzuleiten.			

Anpassung der Normalherstellungskosten – Baupreisindizes

Die Anpassung der Normalherstellungskosten erfolgt anhand der vom Statistischen Bundesamt veröffentlichten Baupreisindizes. Dabei ist auf die Preisindizes für die Bauwirtschaft abzustellen, die das Statistische Bundesamt für den Neubau in konventioneller Bauart von Wohn- und Nichtwohngebäuden jeweils für das Vierteljahr vor dem Hauptfeststellungzeitpunkt ermittelt hat. Diese Preisindizes sind für alle Bewertungsstichtage des folgenden Hauptfeststellungszeitraums anzuwenden. Auf diese Weise wird vermieden, dass in jedem Einzelfall eine Umrechnung der Pauschalherstellungskosten für die verschiedenen Gebäudearten in Normalherstellungskosten erfolgen muss.

> **Hinweis:**
>
> Das Bundesministerium der Finanzen veröffentlicht die maßgebenden Baupreisindizes im Bundessteuerblatt.

5

Die Normalherstellungskosten sind auf dem Kostenstand 2010 ermittelt worden. Sie müssen nach Maßgabe der zum Hauptfeststellungszeitpunkt maßgebenden Baupreisindizes angepasst werden.

> **Hinweis:**
>
> Es ist aus heutiger Sicht zu vermuten, dass die Normalherstellungskosten (Kostenstand 2010) am Hauptfeststellungzeitpunkt 01.01.2022 bei rund 130 Prozent liegen werden.

Alterswertminderung

Vom Gebäudenormalherstellungswert ist eine Alterswertminderung abzuziehen. Diese ergibt sich durch Multiplikation des Gebäudenormalherstellungswerts mit dem Verhältnis des Alters des Gebäudes am Bewertungsstichtag zur wirtschaftlichen Gesamtnutzungsdauer.

Die Alterswertminderung wird somit regelmäßig nach dem Alter des Gebäudes zum Bewertungsstichtag und einer typisierten wirtschaftlichen Gesamtnutzungsdauer bestimmt. Die typisierte Gesamtnutzungsdauer ist – wie beim vereinfachten Ertragswertverfahren – der Anlage 38 zum Bewertungsgesetz zu entnehmen. Bei der Alterswertminderung wird von einer linearen jährlichen Wertminderung ausgegangen.

Formel

$$\text{Alterswertminderung} = \frac{\text{Alter des Gebäudes am Bewertungsstichtag}}{\text{Wirtschaftliche Gesamtnutzungsdauer nach Anlage 38}}$$

Verlängerung der Gesamtnutzungsdauer

5 Sind nach Bezugsfertigkeit des Gebäudes Veränderungen eingetreten, die die wirtschaftliche Gesamtnutzungsdauer des Gebäudes wesentlich verlängert haben, ist von einem der Verlängerung entsprechenden späteren Baujahr auszugehen.

In der Praxis wird davon nur in den Fällen einer Kernsanierung auszugehen sein. Bloße Modernisierungsmaßnahmen führen nicht zu einer Verlängerung der Nutzungsdauer.

Mindestwert

Auch beim Sachwertverfahren gilt ein Mindestwert. Deshalb ist der nach Abzug der Alterswertminderung verbleibende Gebäudewert regelmäßig mit mindestens 30 Prozent des Gebäudenormalherstellungswerts anzusetzen.

Diese Restwertregelung berücksichtigt, dass auch ein älteres Gebäude, das laufend instandgehalten wird und daher noch benutzbar ist, auch nach Ablauf der typisierten wirtschaftlichen Gesamtnutzungsdauer einen verbleibenden Wert hat.

Bei älteren, noch nutzbaren Gebäuden schließt die Begrenzung der Alterswertminderung in typisierender Weise eine Verlängerung der Restnutzungsdauer durch geringfügige Modernisierungen ein.

Abbruchverpflichtung

Besteht für ein Gebäude eine vertraglich vereinbarte Abbruch-verpflichtung, ist die Alterswertminderung abweichend auf das Verhältnis des Alters des Gebäudes am Bewertungsstichtag zur tatsächlichen Gesamtnutzungsdauer begrenzt.

Durch diese Begrenzung kann die Restnutzungsdauer verkürzt werden.

Wertzahlen

Zur Ermittlung des Grundsteuerwerts ist der vorläufige Sachwert mit der sich aus der Anlage 43 zum Bewertungsgesetz ergeben-den Wertzahl zu multiplizieren.

> **Hinweis:**
>
> Die Wertzahl hat die Funktion, den Sachwert an die allge-meinen Wertverhältnisse auf dem örtlichen Grundstücks-markt anzupassen.

5

Die Marktanpassung erfolgt im typisierten Sachwertverfahren durch gesetzlich vorgegebene Wertzahlen. Die Wertzahlen für Teileigentum, Geschäftsgrundstücke, gemischt genutzte Grund-stücke und sonstige bebaute Grundstücke ergeben sich aus der nachfolgend abgedruckten Anlage 43 zum Bewertungsgesetz:

Vorläufiger Sachwert		Bodenrichtwert		
		bis 100 EUR/m²	bis 300 EUR/m²	über 300 EUR/m²
bis	500.000 EUR	0,80	0,90	1,00
	750.000 EUR	0,75	0,85	0,95
	1.000.000 EUR	0,70	0,80	0,90
	1.500.000 EUR	0,65	0,75	0,85
	2.000.000 EUR	0,60	0,70	0,80
	3.000.000 EUR	0,55	0,65	0,75
über	3.000.000 EUR	0,50	0,60	0,70

Brutto-Grundfläche

Vielen Bürgerinnen und Bürgern wird die Brutto-Grundfläche nicht geläufig sein. Dennoch ist es eine Größe, die standardmäßig bei der Bewertung von Grundstücken im Sachwertverfahren für Zwecke der Erbschaft-/Schenkungsteuer verwendet wird.

In der Praxis kann die Brutto-Grundfläche den Berechnungen des Architekten entnommen werden. Diese werden bei Gebäuden jüngeren Baujahrs regelmäßig vorliegen. Fehlt eine entsprechende Berechnung, muss die Brutto-Grundfläche nach DIN 277 erfolgen.

Was im Einzelnen zur Brutto-Grundfläche gehört, ergibt sich aus der nachstehenden Zeichnung:

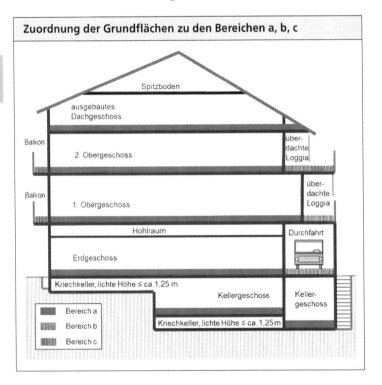

5

Erläuterungen zur Brutto-Grundfläche

Die Brutto-Grundfläche ist die Summe der bezogen auf die jeweilige Gebäudeart marktüblich nutzbaren Grundflächen aller Grundrissebenen eines Bauwerks. In Anlehnung an die DIN 277-1:2005-02 sind bei den Grundflächen folgende Bereiche zu unterscheiden:

■ Bereich a: überdeckt und allseitig in voller Höhe umschlossen,

■ Bereich b: überdeckt, jedoch nicht allseitig in voller Höhe umschlossen

■ Bereich c: nicht überdeckt

Für die Anwendung der Normalherstellungskosten (NHK) sind im Rahmen der Ermittlung der Brutto-Grundfläche nur die Grundflächen der Bereiche a und b zugrunde zu legen. Balkone, auch wenn sie überdeckt sind, sind dem Bereich c zuzuordnen.

Die Grundflächen sind in Quadratmeter anzugeben.

Für die Ermittlung der Brutto-Grundfläche sind die äußeren Maße der Bauteile einschließlich Bekleidung, zum Beispiel Putz und Außenschalen mehrschaliger Wandkonstruktionen, in Höhe der Bodenbelagsoberkanten anzusetzen.

Brutto-Grundflächen des Bereichs b sind an Stellen, an denen sie nicht umschlossen sind, bis zur vertikalen Projektion ihrer Überdeckung zu ermitteln. Brutto-Grundflächen von Bauteilen (Konstruktionsgrundflächen), die zwischen den Bereichen a und b liegen, sind dem Bereich a zuzuordnen.

Nicht zur Brutto-Grundfläche gehören beispielsweise Flächen von Spitzböden und Kriechkellern, Flächen, die ausschließlich der Wartung, Inspektion und Instandsetzung von Baukonstruktionen und technischen Anlagen dienen, sowie Flächen unter konstruktiven Hohlräumen, zum Beispiel über abgehängten Decken.

Die Brutto-Grundflächen zur Berechnung der Normalherstellungskosten sind getrennt nach Grundrissebenen zu ermitteln. Grundflächen von waagerechten Flächen sind aus ihren tatsächlichen Maßen, Grundflächen von schräg liegenden Flächen, zum Beispiel Tribünen, Zuschauerräumen, Treppen und Rampen, aus ihrer vertikalen Projektion zu ermitteln.

5

Nicht berücksichtigt bei der Ermittlung der Brutto-Grundfläche werden:

- Kriechkeller
- Kellerschächte
- Außentreppen
- nicht nutzbare Dachflächen, auch Zwischendecken
- Balkone (auch wenn sie überdeckt sind)
- Spitzböden (zusätzliche Ebene im Dachgeschoss, unabhängig vom Ausbauzustand)

Auf die Brutto-Grundfläche anzurechnen sind nutzbare Dachgeschossflächen.

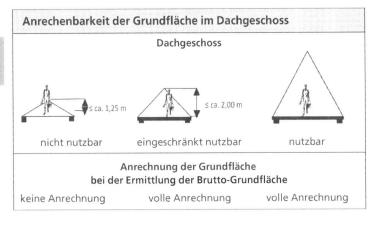

Anrechenbarkeit der Grundfläche im Dachgeschoss

Dachgeschoss

≤ ca. 1,25 m   ≤ ca. 2,00 m

nicht nutzbar   eingeschränkt nutzbar   nutzbar

**Anrechnung der Grundfläche
bei der Ermittlung der Brutto-Grundfläche**

keine Anrechnung   volle Anrechnung   volle Anrechnung

Hinweis:

Eine sorgfältige Ermittlung der Brutto-Grundfläche lohnt sich, denn diese Rechengröße hat unmittelbare Auswirkung auf die Höhe der Grundsteuer.

Vereinfachungsregel

Sie können die Brutto-Grundfläche mit einer Faustregel überschlägig schätzen:

> Bebaute Fläche x Anzahl der Geschosse

Ermitteln Sie die bebaute Fläche, indem Sie die Länge des Gebäudes (Außenmaß) mit der Breite des Gebäudes (Außenmaß) multiplizieren.

Hierbei leisten Ihnen Satellitenbilder gute Dienste, zumal dort zum Teil direkt im Satellitenbild die Länge und Breite des Gebäudes vermessen werden kann. Die Wände eines Gebäudes zählen mit zur Brutto-Grundfläche.

Bei der Anzahl der Geschosse zählen auch Kellergeschosse mit. Nur Kriechkeller bleiben bei der Einbeziehung von Kellergeschossen unberücksichtigt.

5

Sofern im Dachgeschoss eine zusätzliche Fläche geschaffen wurde, beispielsweise ein Spitzboden, gehört dieser nicht zur Brutto-Grundfläche.

Pauschale Berücksichtigung von Außenanlagen

Außenanlagen brauchen Sie keine besondere Aufmerksamkeit zu widmen. Sie sind bereits in den Normalherstellungskosten enthalten. Der Gesetzgeber hat die Normalherstellungskosten pauschal um 3 Prozent erhöht.

Damit sind bauliche Anlagen, insbesondere Außenanlagen, wie beispielsweise Außenstellplätze, Erschließung und Einfriedung, sowie sonstige Anlagen abgegolten.

Sonderfälle

Erbbaurecht

Bei Erbbaurechten ist für das Erbbaurecht und das Erbbaurechtsgrundstück ein Gesamtwert zu ermitteln. Bei der Ermittlung bleibt das Erbbaurecht außer Acht, als würde diese Belastung nicht bestehen.

Neu: Der ermittelte Wert ist ausschließlich dem Erbbauberechtigten zuzurechnen. Das bedeutet, dass das Erbbaurecht und der belastete Grund und Boden zur Ermittlung der Bemessungsgrundlage für die Grundsteuer zu einer wirtschaftlichen Einheit zusammengefasst werden. Es wird nur der Gesamtwert festgestellt.

> **Hinweis:**
> Diese Regelung ist grundsätzlich neu. Dennoch unterscheidet sie sich nicht wesentlich von der bisherigen Verfahrensweise. Denn bei der Einheitsbewertung ist der Erbbauberechtige der alleinige Steuerschuldner.

6

Mit der Neuregelung wird die endgültige Belastung mit der Grundsteuer nicht geregelt. Denn wer endgültig mit der Grundsteuer belastet werden soll, unterliegt weiterhin der Privatautonomie.

Gebäude auf fremdem Grund und Boden

Wie bei den Erbbaurechten wird künftig auch bei einem Gebäude auf fremdem Grund und Boden ein Gesamtwert ermittelt. Das bedeutet, der Wert für den Grund und Boden wird mit dem Wert des Gebäudes auf fremdem Grund und Boden zusammengerechnet.

Neu: Der ermittelte Wert ist dem – zivilrechtlichen – Eigentümer des Grund und Bodens zuzurechnen.

Dieser ist trotz abweichender wirtschaftlicher Vereinbarung grundsätzlich zivilrechtlich Eigentümer des Gebäudes. Er wird Steuerschuldner für das belastete Grundstück und kann auf einfachem Weg aufgrund amtlicher Grundstücksinformationen im automatisierten Verfahren ermittelt werden. Gleichwohl führt dies im Ergebnis zu keiner tatsächlichen Belastungsverschiebung, wenn nach den üblichen vertraglichen Vereinbarungen die Grundsteuer schon bisher auf den Eigentümer des Gebäudes auf fremdem Grund und Boden abgewälzt wurde.

Wer die Grundsteuer endgültig tragen soll, unterliegt der Privatautonomie.

Ländermodelle

Flächenmodell 96

Ermittlung des Äquivalenzwerts 97

Länderfinanzausgleich 99

7

Flächenmodell

Der Gesetzgeber hat auf Bundesebene die vorstehenden Neuregelungen verabschiedet. Daneben ist jedoch auch das Grundgesetz geändert worden, so dass die Länder eine eigene Gesetzgebungskompetenz erhalten haben, um vom Bundessystem der Grundsteuer abweichen zu können.

Derzeit ist noch nicht ersichtlich, welche Länder sich final einer Sonderregelung zuwenden wollen. Viele Länder haben sich noch nicht entschieden. Bayern wird voraussichtlich die Länderöffnungsklausel nutzen und ein Flächenmodell einführen, das nicht von Werten, sondern rein von physikalischen Flächengrößen abhängt.

Weil die Kommunen ihren Bürgerinnen und Bürgern und den ansässigen Unternehmen die zur Nutzung der Grundstücke notwendige Infrastruktur zur Verfügung stellen, müssen deren Kosten gedeckt werden. Soweit die entstehenden Kosten individuell zugeordnet werden können, werden sie von den Nutznießern als Gebühren oder Beiträge erhoben. Davon sind beispielsweise Erschließungsbeiträge oder Straßenausbaubeiträge betroffen. Überschießende Kosten und gemeindliche Aufgaben werden dagegen durch die Kommunen auch über die Realsteuern finanziert, zu denen die Grundsteuer gehört. Derartige kommunale Aufgaben betreffen beispielsweise:

- Brandschutz
- Räumdienste
- Kinderbetreuung
- Schulen
- Spielplätze
- Kulturelle Einrichtungen
- Wirtschaftsförderung

Entscheidend für die Belastung mit Grundsteuer sind somit die Kosten der Kommunen für die vorgenannten Leistungen an Bürgerinnen, Bürger und Unternehmen. Dieses Prinzip wird von den Befürwortern des Flächenmodells als „Äquivalenzprinzip" verstanden. Dieses Äquivalenzprinzip dient beim Flächenmodell nicht nur zur Rechtfertigung, dass die Kommune eine Grundsteuer erheben darf. Vielmehr soll es auch den Maßstab rechtfertigen, nach dem die Nutzer der Grundsteuer an den Kosten beteiligt werden. Insoweit sollen die Flächen des Grund und Bodens als auch die Gebäudeflächen maßgebend sein.

Die Bemessungsgrundlage für die Grundsteuer soll im Flächenmodell künftig durch Multiplikation von Flächenbezugsgrößen und nutzungsartabhängigen Äquivalenzzahlen ermittelt werden. Auf diese Bemessungsgrundlage wenden die Kommunen unmittelbar ihre Grundsteuerhebesätze an.

Zwei Grundstücke mit gleicher Nutzungsart und identischen Flächenmerkmalen werden innerhalb der Kommune somit gleich hoch mit Grundsteuer belastet. Dies ist nach dem Äquivalenzprinzip gerechtfertigt, weil beide Grundstücke vergleichbare finanzielle Leistungen der Kommune verursachen. Dies gilt unabhängig vom Wert des Grund und Bodens und des aufstehenden Gebäudes.

Ermittlung des Äquivalenzwerts

Es könnten folgende Äquivalenzzahlen gelten:

- 2 Cent pro Quadratmeter für die Grundstücksfläche

- 20 Cent pro Quadratmeter für zu Wohnzwecken genutzte Gebäudefläche

- 40 Cent pro Quadratmeter für nicht zu Wohnzwecken genutzte Gebäudefläche

7

Bei einer Nutzung zu Wohnzwecken könnte eine halbierte Äquivalenzzahl gelten, weil das Wohnen ein hohes Gut ist, das nicht übermäßig mit Grundsteuer belastet werden sollte.

Unbebaute Grundstücke

Bei unbebauten Grundstücken ist die Grundstücksfläche die maßgebende Bezugsgröße. Diese wird mit der Äquivalenzzahl für die Grundstücksfläche in Höhe von 2 Cent pro Quadratmeter multipliziert.

Schema

Fläche des Grundstücks
x Äquivalenzzahl (2 Cent/Quadratmeter)

= Grundsteuerbemessungsgrundlage

Bebaute Grundstücke

Für Zwecke der Grundsteuer könnte künftig zwischen drei Fallgruppen bebauter Grundstücke unterschieden werden:

- zu Wohnzwecken genutzte Grundstücke (Wohngrundstücke)

- nicht zu Wohnzwecken genutzte Grundstücke (Nicht-Wohngrundstücke)

- teils zu Wohn-, teils zu Nicht-Wohnzwecken genutzte Grundstücke (gemischt genutzte Grundstücke)

Die Grundsteuerbemessungsgrundlage wird durch Multiplikation der jeweiligen Äquivalenzzahl mit der Grundstücksfläche und der Gebäudefläche sowie Addition der Teilergebnisse ermittelt.

Wird ein Gebäude teils zu Wohnzwecken und teils zu anderen Zwecken genutzt, ist die im vereinfachten Verfahren ermittelte Gebäudefläche (Wohn-/Nutzfläche) nach den tatsächlichen Nutzungsverhältnissen aufzuteilen. Die Nutzungsanteile sind vom Grundstückseigentümer zu erklären, soweit sie sich nicht bereits aus anderen Unterlagen eindeutig ergeben.

Schema

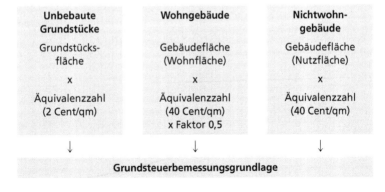

Unbebaute Grundstücke	Wohngebäude	Nichtwohn-gebäude
Grundstücks-fläche	Gebäudefläche (Wohnfläche)	Gebäudefläche (Nutzfläche)
x	x	x
Äquivalenzzahl (2 Cent/qm)	Äquivalenzzahl (40 Cent/qm) x Faktor 0,5	Äquivalenzzahl (40 Cent/qm)
↓	↓	↓

Grundsteuerbemessungsgrundlage

Länderfinanzausgleich

Damit in Deutschland gleiche Lebensverhältnisse sichergestellt werden, profitieren ärmere Bundesländer von reicheren Ländern. Es werden Ausgleichszahlungen geleistet. Das ist solidarisch.

Die Grundsteuer ist im Länderfinanzausgleich nicht so ganz leicht zu verstehen. Denn wenn alle Kommunen eines Landes – ganz theoretisch – ihren Hebesatz auf Null absenken würden, wären die Länder arm. Aber es wäre weder solidarisch noch vernünftig, wenn die anderen Länder die „selbst verursachte Armut" beseitigen müssten.

Deshalb wird der Länderfinanzausgleich bei der Grundsteuer etwas komplizierter berechnet werden. Das gilt erst recht, weil nun die Länder nicht nur die Hebesätze, sondern im Rahmen der Länderöffnungsklausel die ganze Grundsteuer nach eigenen Regeln ausgestalten können. Die Regelungen zum Länderfinanzausgleich werden also noch mal etwas komplizierter.

Für Sie als Steuerzahler ist dabei nur eins wichtig: Müssen Sie für Zwecke des Länderfinanzausgleichs zusätzliche Fragen beantworten? Die Antwort lautet: nein. Der Gesetzgeber hat das zwar etwas anders beschrieben, doch letztlich ist klargestellt worden, dass unverhältnismäßiger Verwaltungsaufwand zu vermeiden ist und für Sie als Steuerzahler keine gesonderte Erklärungspflicht entstehen darf.

7

Stattdessen hat der Bund durch eine Protokollerklärung die Absicht konkretisiert, zeitnah ein Normierungsverfahren für den bundesstaatlichen Finanzausgleich im Konsens mit den Ländern zu entwickeln, sobald bekannt ist, in welcher Weise die Länder von der bundesrechtlichen Regelung abweichen wollen.

Aufkommensneutralität

Die vom Gesetzgeber angestrebte Aufkommensneutralität der Grundsteuerreform ist keineswegs nur theoretischer Natur. Es spricht von der Grundkonzeption der Grundsteuerreform einiges dafür, dass die Hebesätze in der Praxis weitgehend unverändert bleiben können.

Das Grundsteueraufkommen ergibt sich aus dem Produkt von drei Faktoren:

$$\text{Grundsteuerwert}_{\text{FinVerw}} \times \text{Grundsteuermesszahl}_{\text{FinVerw}} \times \text{Hebesatz}_{\text{Kommune}}$$

Die Aufkommensneutralität soll erreicht werden, indem das bisherige Grundsteuermessbetragsvolumen konstant gehalten wird.

Das bedeutet, das (Teil-)Produkt aus:

$$\text{Summe aller Grundsteuerwerte}_{\text{neues Recht}} \times \text{Grundsteuermesszahl}_{\text{neues Recht}}$$

soll nach der Reform identisch bleiben mit dem (Teil-)Produkt aus:

$$\text{Summe aller Einheitswerte}_{\text{altes Recht}} \times \text{Grundsteuermesszahl}_{\text{altes Recht}}$$

Dazu hat das Bundesministerium für Finanzen die voraussichtliche Summe aller $\text{Grundsteuerwerte}_{\text{neues Recht}}$ geschätzt und durch Vergleich mit der derzeitigen Summe aller $\text{Einheitswerte}_{\text{altes Recht}}$ die neue Grundsteuermesszahl berechnet.

Diese Steuermesszahl von 0,34 Promille spiegelt den geschätzten Bundesdurchschnitt wider.

8

Hinweis:

Allerdings darf die Aufkommensneutralität nicht mit einer Belastungsneutralität im Einzelfall verwechselt werden.

Belastungsneutralität ist in der politischen Diskussion weder in Aussicht gestellt worden, noch möglich. Die Beseitigung des derzeit bestehenden verfassungswidrigen Zustands schließt Belastungsänderungen im Einzelfall nicht aus, sondern ist die zu erwartende Folge der Reform. Denn in den letzten Jahrzehnten zahlten einige Eigentümer zu viel, andere dafür zu wenig Grundsteuer.

Letztlich ist für Sie als Steuerzahler entscheidend, ob Sie zu den Gewinnern oder Verlierern der Grundsteuerreform gehören. Deshalb ist es erforderlich, einen Belastungsvergleich anzustellen. Dieser ist deshalb nur mit erheblichen Schwierigkeiten zu prognostizieren, weil die Kommune auch im Fall eines unveränderten Grundsteuermessbetragsvolumens ihr verfassungsrechtlich garantiertes Hebesatzrecht ausüben kann. Damit kann die Gemeinde die Höhe der im Einzelfall eintretenden Belastung zusätzlich zur Grundsteuerreform beeinflussen.

8

Hauptfeststellung

Erstmaliger Bewertungszeitpunkt:
Hauptfeststellung 01.01.2022 104

Anwendung der neuen Werte für die Grundsteuer 105

Erklärungsabgabe 105

9

Erstmaliger Bewertungszeitpunkt: Hauptfeststellung 01.01.2022

Die Grundsteuerreform wird durch eine neue „Hauptfeststellung" realisiert. Das bedeutet, für alle Grundstücke wird zum Hauptfeststellungszeitpunkt ein neuer Grundsteuerwert festgestellt. Hauptfeststellungszeitpunkt ist der 01.01.2022.

Der Bescheid über den Grundsteuerwert ist ein Grundlagenbescheid, das heißt, der Grundsteuerwert ist bindend für den Grundsteuermessbescheid. Der Grundsteuermessbescheid ist ebenfalls ein Grundlagenbescheid. Beide Bescheide kommen vom Finanzamt.

Der Grundsteuermessbescheid ist bindend für den Grundsteuerbescheid, der von der Kommune erteilt wird.

Praxis-Tipp:

Sofern Sie mit dem Bescheid über den Grundsteuerwert oder den Grundsteuermessbetrag nicht einverstanden sind, müssen Sie innerhalb der Rechtsbehelfsfrist schriftlich beim Finanzamt Einspruch einlegen. Versäumen Sie die Rechtsbehelfsfrist, können Sie Ihre Bedenken nicht mehr im Verfahren gegen den Grundsteuerbescheid vorbringen. Deshalb ist eine rasche Prüfung der Bescheide äußerst wichtig.

Das neue Recht hält an der bisherigen Konzeption der regelmäßig wiederkehrenden Hauptfeststellungen fest. Die aktuell anstehende Hauptfeststellung findet somit am 01.01.2022 statt. Die nächste Hauptfeststellung soll in sieben Jahren erfolgen, also am 01.01.2029.

Zwischen zwei Hauptfeststellungszeitpunkten sind ggf. Fortschreibungen und Nachfeststellungen durchzuführen, bei denen aber die Wertverhältnisse des letzten Hauptfeststellungszeitpunkts maßgeblich bleiben.

9

Anwendung der neuen Werte für die Grundsteuer

Wie heute bei den Einheitswerten wird auch in Zukunft der gemeindliche Hebesatz nicht direkt auf die neuen Grundsteuerwerte angewendet werden. Unverändert wird zunächst durch Multiplikation einer gesetzlich festgelegten Steuermesszahl mit dem Grundsteuerwert ein Steuermessbetrag festgesetzt, auf den dann der gemeindliche Hebesatz angewendet wird.

Die neuen Grundsteuerwerte finden für die Grundsteuer ab dem Jahr 2025 Anwendung.

Erklärungsabgabe

Mangels aktuell vorhandener Daten müssen Sie als Steuerzahler zunächst für den ersten Hauptfeststellungszeitpunkt 01.01.2022 eine Steuererklärung für jede einzelne wirtschaftliche Einheit abgeben, die Ihnen gehört.

Hinweis:

Die Erklärung müssen Sie online auf der Internetplattform ELSTER abgeben.

Eine Online-Erklärung dürfte für einen großen Teil der Steuerzahler unproblematisch sein. Dennoch wäre es realitätsfern, bei allen Grundstückseigentümern einen Internetzugang zu vermuten. Deshalb können Sie die Erklärung in „Härtefällen" auch als Papierversion einreichen, beispielsweise wenn Sie keinen Computer oder Internetzugang haben. Dazu wird es entsprechende Vordrucke geben, die anschließend vom Finanzamt eingescannt werden, so dass rasch alle Daten in digitaler Form vorliegen.

9

Die Reform der Grundsteuer stellt die Finanzverwaltung vor große Herausforderungen. Bis Ende des Jahres 2024 müssen deutschlandweit rund 36 Millionen wirtschaftliche Einheiten den Bescheid mit dem neuen Grundsteuerwert erhalten.

Änderungen des Grundsteuergesetzes

Zahlreiche neue Regelungen 108

Neue Grundsteuermesszahlen 108

Neu: 25 Prozent Grundsteuervergünstigung 110

Neu: 10 Prozent Ermäßigung für Baudenkmäler 111

Baulandmobilisierung – Grundsteuer C 112

10

Zahlreiche neue Regelungen

Zum 01.01.2022 wird Ihnen nicht nur ein neuer Grundsteuerwert zugeteilt, Sie erhalten auch einen neuen Grundsteuermessbetrag. Auf diesen Grundsteuermessbetrag wendet die Kommune den Hebesatz an, so dass sich die zu zahlende Grundsteuer ergibt.

Auch innerhalb des Grundsteuergesetzes sind Neuregelungen enthalten, die für Sie wichtig sind.

Dazu gehören insbesondere folgende Regelungen:

- Regelung der neuen Grundsteuermesszahlen
- Abschlag bei öffentlicher Förderung von 25 Prozent
- Abschlag für Denkmäler von 10 Prozent
- Baulandmobilisierung

Neue Grundsteuermesszahlen

Wichtig sind die neuen Steuermesszahlen. Bei der Berechnung der Grundsteuer ist von einem Steuermessbetrag auszugehen.

Dieser ergibt sich durch Multiplikation eines Promillesatzes – das ist die Steuermesszahl – mit dem Grundsteuerwert.

Es gilt also folgende Formel:

> Grundsteuerwert x Steuermesszahl = Steuermessbetrag

Der Gesetzgeber hat zwei verschiedene Steuermesszahlen festgelegt:

- Für Betriebe der Land- und Forstwirtschaft gilt künftig eine Grundsteuermesszahl von **0,55 Promille**. Bislang betrug die Grundsteuermesszahl 6 Promille.
- Für unbebaute und bebaute Grundstücke sowie für Erbbaurechtsfälle und Gebäude auf fremdem Grund und Boden beträgt die Grundsteuermesszahl **0,34 Promille**.

Zum Vergleich mit den bisherigen Grundsteuermessbeträgen verwenden Sie die nachstehende Tabelle.

Steuermesszahlen in den alten Ländern

Betriebe der Land- und Forstwirtschaft		6 ‰
Einfamilien-häuser	für die ersten 38.346,89 EUR des Einheitswerts	2,6 ‰
	für den Rest	3,5 ‰
Zweifamilienhäuser		3,1 ‰
übrige Grundstücke		3,5 ‰

Steuermesszahlen in den neuen Ländern

Grundstücksgruppen		Gemeindegruppen		
		bis 25.000 Ein-wohner	über 25.000 bis 1 Mio. Ein-wohner	über 1 Mio. Ein-wohner
Unbebaute Grundstücke		10 ‰	10 ‰	10 ‰
Ein-familien-häuser, Altbauten (31.03.1924)	für die ersten angefangenen oder vollen 15.338,76 EUR des Einheitswerts	10 ‰	8 ‰	6 ‰
	für den 15.338,76 EUR übersteigenden Teil des Einheitswerts	10 ‰	10 ‰	10 ‰
Ein-familien-häuser, Neu-bauten	für die ersten angefangenen oder vollen 15.338,76 EUR des Einheitswerts	8 ‰	6 ‰	5 ‰
	für den 15.338,76 EUR übersteigenden Teil des Einheitswerts	8 ‰	7 ‰	6 ‰
Altbauten (ohne Einfamilienhäuser)		10 ‰	10 ‰	10 ‰
Neubauten (ohne Einfamilienhäuser)		8 ‰	7 ‰	6 ‰

10

Neu: 25 Prozent Grundsteuervergünstigung

Bei einer öffentlichen Förderung erhalten Sie eine Grundsteuervergünstigung.

Wohnen ist ein existenzielles Grundbedürfnis. Deshalb hat der Gesetzgeber einen Abschlag von der Steuermesszahl für öffentlich geförderte Wohngrundstücke vorgesehen. Diese Grundsteuervergünstigung erhalten Sie allerdings nur, wenn bereits im außersteuerrechtlichen Bereich die Wohnraumförderwürdigkeit anerkannt wurde.

Deshalb brauchen Sie für die Grundsteuervergünstigung einen Förderbescheid. Ferner müssen Sie die Förderkriterien nach dem Wohnraumförderungsgesetz (WoFG) des Bundes einhalten.

Konkret wird die Steuermesszahl um **25 Prozent** ermäßigt, wenn

1. für das Grundstück nach § 13 Abs. 3 WoFG vom 13.09.2001, das zuletzt durch Artikel 3 des Gesetzes vom 02.10.2015 geändert worden ist, eine Förderzusage durch schriftlichen Verwaltungsakt erteilt wurde, und

2. die sich aus der Förderzusage ergebenden Bestimmungen im Sinne des § 13 Abs. 2 WoFG für jeden Erhebungszeitraum innerhalb des Hauptveranlagungszeitraums eingehalten werden.

Für nach Wohnraumförderungsgesetzen der Länder geförderte Grundstücke gilt dies entsprechend.

Auch für Wohnungsbaugesellschaften ist die Grundsteuervergünstigung, also der Abschlag von **25 Prozent**, möglich.

Dazu ist vorauszusetzen, dass das jeweilige Grundstück

1. einer Wohnungsbaugesellschaft zugerechnet wird, deren Anteile mehrheitlich von einer oder mehreren Gebietskörperschaften gehalten werden und zwischen der Wohnungsbaugesellschaft und der Gebietskörperschaft oder den Gebietskörperschaften ein Gewinnabführungsvertrag besteht, oder

2. einer Wohnungsbaugesellschaft zugerechnet wird, die als gemeinnützig anerkannt ist; oder

10

3. einer Genossenschaft oder einem Verein zugerechnet wird, die bzw. der ihre bzw. seine Geschäftstätigkeit auf bestimmte im Körperschaftsteuergesetz genannte Bereiche beschränkt und von der Körperschaftsteuer befreit ist.

Hinweis:

Den Abschlag erhalten Sie nur auf Antrag!

Der Abschlag auf die Steuermesszahl ist **nur auf Antrag** möglich. Dabei müssen Sie für jeden Erhebungszeitraum, also für jedes Kalenderjahr, innerhalb des Hauptveranlagungszeitraums nachweisen, dass die jeweiligen Voraussetzungen am Hauptveranlagungsstichtag vorlagen.

Wichtig: Entfallen die Voraussetzungen während des Hauptveranlagungszeitraums, müssen Sie dies unaufgefordert beim Finanzamt anzeigen.

Neu: 10 Prozent Ermäßigung für Baudenkmäler

Auch Baudenkmäler werden gefördert. Die Steuermesszahl wird für bebaute Grundstücke um **10 Prozent ermäßigt**, wenn sich auf dem Grundstück Gebäude befinden, die Baudenkmäler im Sinne des jeweiligen Landesdenkmalschutzgesetzes sind.

Stehen auf einem Grundstück nur ein Teil der Gebäude oder nur Teile eines Gebäudes im Sinne des jeweiligen Landesdenkmalschutzgesetzes unter Denkmalschutz, ist die Ermäßigung der Steuermesszahl entsprechend anteilig zu gewähren.

Hinweis:

Sie müssen den Wegfall der Voraussetzungen für die ermäßigte Steuermesszahl beim Finanzamt anzeigen. Die Anzeige ist innerhalb von drei Monaten nach dem Wegfall der Voraussetzungen bei dem Finanzamt zu erstatten, das für die Festsetzung des Steuermessbetrags zuständig ist.

10

Baulandmobilisierung – Grundsteuer C

Der Gesetzgeber hat einen weiteren Schritt gewagt, der bisher nicht vorgesehen war. Künftig haben die Kommunen die Option, zur Baulandmobilisierung eine sogenannte „Grundsteuer C" zu erheben. Somit gibt es künftig neben der „Grundsteuer A" für Betriebe der Land- und Forstwirtschaft und der „Grundsteuer B" für Grundstücke des Grundvermögens eine neue „Grundsteuer C" für baureife Grundstücke.

Derzeit ist fraglich, ob und wie oft die Kommunen von dieser Option Gebrauch machen werden. Bekanntlich ist es ein alter Streit, ob die weitere Versiegelung von Flächen verhindert oder Bauland mobilisiert werden soll. Diese Kontroversen müssen zunächst auf kommunaler Ebene ausdiskutiert sein. Erst anschließend wird der Weg für die Grundsteuer C offen sein.

Aber auch dann gibt es noch Tücken, die auf kommunaler Ebene gelöst werden müssen. Denn die Kommune muss die Bereiche genau bestimmen, für die die Baulandsteuer gelten soll.

Nach der Neuregelung der Grundsteuer C kann die Gemeinde aus städtebaulichen Gründen baureife Grundstücke als besondere Grundstücksgruppe innerhalb der unbebauten Grundstücke bestimmen und für die Grundstücksgruppe der baureifen Grundstücke einen gesonderten Hebesatz festsetzen.

Baureife Grundstücke sind unbebaute Grundstücke, die nach

- Lage,
- Form,
- Größe und
- ihrem sonstigen tatsächlichen Zustand sowie nach
- öffentlich-rechtlichen Vorschriften

sofort bebaut werden könnten.

Egal ist dabei, ob eine Baugenehmigung erforderlich ist, die aber noch nicht erteilt wurde. Ebenso unerheblich sind zivilrechtliche Gründe, die einer sofortigen Bebauung entgegenstehen.

Als städtebauliche Gründe kommen insbesondere in Betracht:

- die Deckung eines erhöhten Bedarfs an Wohn- und Arbeitsstätten
- der Gemeinbedarf und Folgeeinrichtungen

10

- die Nachverdichtung bestehender Siedlungsstrukturen

- die Stärkung der Innenentwicklung

Die Gemeinde hat den gesonderten Hebesatz auf einen bestimmten Gemeindeteil zu beschränken, wenn nur für diesen Gemeindeteil die städtebaulichen Gründe vorliegen.

Dieser Gemeindeteil muss mindestens 10 Prozent des gesamten Gemeindegebiets umfassen, in welchem zudem mehrere baureife Grundstücke belegen sein müssen.

Die genaue Bezeichnung der baureifen Grundstücke, deren Lage sowie das Gemeindegebiet, auf das sich der gesonderte Hebesatz bezieht,

- sind jeweils nach den Verhältnissen zu Beginn eines Kalenderjahres von der Gemeinde zu bestimmen,

- in einer Karte nachzuweisen und

- im Wege einer Allgemeinverfügung öffentlich bekannt zu geben.

In der Allgemeinverfügung sind

- die städtebaulichen Erwägungen nachvollziehbar darzulegen und

- die Wahl des Gemeindegebiets, auf das sich der gesonderte Hebesatz beziehen soll, zu begründen.

Hat eine Gemeinde die Grundstücksgruppe baureifer Grundstücke bestimmt und für diese Grundstücksgruppe einen gesonderten Hebesatz festgesetzt, muss dieser Hebesatz für alle in der Gemeinde oder dem Gemeindeteil liegenden baureifen Grundstücke einheitlich und höher als der einheitliche Hebesatz für die übrigen in der Gemeinde liegenden Grundstücke sein.

Hinweis:

Die Kommune muss einen erheblichen Aufwand treiben, um die Grundsteuer C rechtssicher auszugestalten.

10

Berechnungsbeispiele

Hinweis zu den Berechnungsbeispielen 116

Einfamilienhaus A – Stadtstr. 3 117

Einfamilienhaus B – Stadtstr. 3 119

Einfamilienhaus C – Stadtstr. 6 121

Mietwohngrundstück A – Stadtstr. 6 123

Geschäftsgrundstück A – Büro 125

Geschäftsgrundstück B – Werkstatt 126

Gemischt genutztes Grundstück –
Büro und Wohnungen 127

Eigentumswohnung A – Dorfstr. 1 129

Eigentumswohnung B –Stadtstr. 6 131

Hinweis zu den Berechnungsbeispielen

Nutzen Sie die Beispiele, um den künftigen Grundsteuerwert für Ihre Immobilie zu berechnen. Wenn Sie den Grundsteuerwert mit der neuen Grundsteuermesszahl von 0,34 Promille multiplizieren, erhalten Sie den Grundsteuermessbetrag. Vergleichen Sie den neuen Grundsteuermessbetrag mit dem bisherigen Grundsteuermessbetrag. Das Finanzamt hat Ihnen als Eigentümer über den bisherigen Grundsteuermessbetrag auf der Grundlage der derzeit noch geltenden Einheitswerte einen Bescheid erteilt.

Anschließend können Sie berechnen, ob Sie zu den Gewinnern oder Verlierern der Reform gehören, indem Sie den Grundsteuermessbetrag mit dem aktuell geltenden Hebesatz der Kommune multiplizieren. Das gilt selbstverständlich nur unter der Annahme, dass die Kommune den Hebesatz unverändert lässt.

Beispiel 1:		
Der neue Grundsteuerwert beträgt:		500.000 EUR
Der neue Grundsteuermessbetrag beläuft sich somit auf 500.000 EUR x 0,34	=	170 EUR
Der derzeit noch aktuelle Grundsteuermessbetrag beläuft sich nach dem Bescheid des Finanzamts auf:		120 EUR
Differenz des alten zum neuen Grundsteuermessbetrags:		+ 50 EUR
Bei einem Hebesatz von z. B. 700 % zahlen Sie künftig eine **höhere** Grundsteuer von 700 % x 50 Euro =		350 EUR

11

Beispiel 2:

Der neue Grundsteuerwert beträgt:	1.500.000 EUR
Der neue Grundsteuermessbetrag beläuft sich somit auf 1.500.000 EUR x 0,34 ‰ =	510 EUR
Der derzeit noch aktuelle Grundsteuermessbetrag beläuft sich nach dem Bescheid des Finanzamts auf:	700 EUR
Differenz des alten zum neuen Grundsteuermessbetrags	– 190 EUR
Bei einem Hebesatz von z. B. 500 % zahlen Sie künftig eine **niedrigere** Grundsteuer von 500 % x 190 EUR =	950 EUR

Einfamilienhaus A – Stadtstr. 3

Sachverhalt

Grundstücksfläche:	500 m²
Bodenrichtwert:	200 EUR/m²
Baujahr:	2018
Wohnfläche:	150 m²
Anzahl Garagen:	2
Mietstufe:	3

Grundsteuerberechnung

Ermittlung des Rohertrags bei Ein-/Zweifamilienhäusern und Wohnungseigentum	
Listenmiete bei einer Wohnfläche von 100 m² und mehr	6,03 EUR/ m²
Wohnfläche	150 m²
Anpassung Mietniveau Stufe 3 (0,0 %)	0,00 EUR
Nettokaltmiete	6,03 EUR
Rohertrag des Einfamilienhauses	**10.854 EUR**
Rohertrag der Garagen	840 EUR
Summe Rohertrag	11.694 EUR

11

Ermittlung des Rohertrags bei Ein-/Zweifamilienhäusern und Wohnungseigentum

Berechnung des Reinertrags	
Rohertrag	11.694 EUR
Gesamtnutzungsdauer	80 Jahre
Alter des Gebäudes (2022–2018 = 4 Jahre) Restnutzungsdauer	76 Jahre
Mindestrestnutzungsdauer	24 Jahre
Ansatz Restnutzungsdauer	76 Jahre
Bewirtschaftungskosten Pauschalsatz	18 %
Ansatz Bewirtschaftungskosten (Pauschalsatz x Rohertrag)	2.105 EUR
Reinertrag	9.589 EUR
Berechnung des Barwerts des Reinertrags	
Liegenschaftszinssatz	2,50 %
Vervielfältiger	33,88
Barwert des Reinertrags	324.875 EUR
Berechnung des abgezinsten Bodenwerts	
Bodenrichtwert	200 EUR/m²
für Restnutzungsdauer (ggf. gewichtet)	76 Jahre
Abzinsungsfaktor	0,1531
Umrechnungskoeffizient bei Ein-/Zweifamilienhäusern, ansonsten Faktor 1	1,00
Grundstücksfläche	500 m²
Abgezinster Bodenwert	15.310 EUR
Berechnung des Grundsteuerwerts	
Barwert des Reinertrags aller Gebäude	324.875 EUR
Abgezinster Bodenwert	15.310 EUR
Summe	340.185 EUR
Mindestwert	75.000 EUR
Grundsteuerwert (nicht abgerundet)	**340.185 EUR**

11

Einfamilienhaus B – Stadtstr. 3

Sachverhalt

Grundstücksfläche:	500 m²
Bodenrichtwert:	200 EUR/m²
Baujahr:	1953
Wohnfläche:	150 m²
Anzahl Garagen:	2
Mietstufe:	3

Grundsteuerberechnung

Ermittlung des Rohertrags bei Ein-/Zweifamilienhäusern und Wohnungseigentum	
Listenmiete bei einer Wohnfläche von 100 m² und mehr	5,66 EUR/m²
Wohnfläche	150 m²
Anpassung Mietniveau Stufe 3 (0,0%)	
Nettokaltmiete	5,66 EUR
Rohertrag	10.188 EUR
Rohertrag der Garagen	840 EUR
Summe Rohertrag	**11.028 EUR**
Berechnung des Reinertrags	
Rohertrag	11.028 EUR
Gesamtnutzungsdauer	80 Jahre
Alter des Gebäudes (2022–1953 = 69 Jahre) Restnutzungsdauer	11 Jahre
Mindestrestnutzungsdauer	24 Jahre
Ansatz Restnutzungsdauer	24 Jahre
Bewirtschaftungskosten Pauschalsatz	25 %
Ansatz Bewirtschaftungskosten (Pauschalsatz x Rohertrag)	2.757 EUR
Reinertrag	**8.271 EUR**

11

Ermittlung des Rohertrags bei Ein-/Zweifamilienhäusern und Wohnungseigentum

Berechnung des Barwerts des Reinertrags	
Liegenschaftszinssatz	2,50 %
Festwert bei einem Bodenrichtwert 1.500/3.000 EUR/m² bei Ein-/Zweifamilienhäusern und Wohnungseigentum	
Reduzierung bei Ein-/Zweifamilienhäusern und Wohnungseigentum in %	
Liegenschaftszinssatz	2,50 %
Vervielfältiger	17,88
Barwert des Reinertrags	**147.885 EUR**
Berechnung des abgezinsten Bodenwerts	
Bodenrichtwert	200 EUR/m²
für Restnutzungsdauer (ggf. gewichtet)	24 Jahre
Abzinsungsfaktor	0,5529
Umrechnungskoeffizient bei Ein-/Zweifamilienhäusern, ansonsten Faktor 1	1,00
Grundstücksfläche	500 m²
Abgezinster Bodenwert	**55.290 EUR**
Berechnung des Grundsteuerwerts	
Barwert des Reinertrags aller Gebäude	147.885 EUR
Abgezinster Bodenwert	55.290 EUR
Summe	**203.175 EUR**
Mindestwert	75.000 EUR
Grundsteuerwert (nicht abgerundet)	**203.175 EUR**

11

Einfamilienhaus C – Stadtstr. 6

Sachverhalt

Grundstücksfläche:	1.500 m²
Bodenrichtwert:	500 EUR/m²
Baujahr:	2003
Wohnfläche:	250 m²
Anzahl Garagen:	2
Mietstufe:	6

Grundsteuerberechnung

Ermittlung des Rohertrags bei Ein-/Zweifamilienhäusern und Wohnungseigentum	
Listenmiete bei einer Wohnfläche von 100 m² und mehr	5,76 EUR/m²
Wohnfläche	250 m²
Anpassung Mietniveau Stufe 6 (32,5 %)	1,87 EUR
Nettokaltmiete	7,63 EUR
Rohertrag des Einfamilienhauses	**22.890 EUR**
Rohertrag der Garagen 840 EUR x 132,5 % (Stufe 6)	1.113 EUR
Summe Rohertrag	**24.003 EUR**
Berechnung des Reinertrags	
Rohertrag	24.003 EUR
Gesamtnutzungsdauer	80 Jahre
Alter des Gebäudes (2022–2003 = 19 Jahre) Restnutzungsdauer	61 Jahre
Mindestrestnutzungsdauer	24 Jahre
Ansatz Restnutzungsdauer	61 Jahre
Bewirtschaftungskosten Pauschalsatz	18 %
Ansatz Bewirtschaftungskosten (Pauschalsatz x Rohertrag)	4.321 EUR
Reinertrag	**19.682 EUR**

11

Ermittlung des Rohertrags bei Ein-/Zweifamilienhäusern und Wohnungseigentum	
Berechnung des Barwerts des Reinertrags	
Liegenschaftszinssatz	2,50 %
Vervielfältiger	31,13
Barwert des Reinertrags	**612.701 EUR**
Berechnung des abgezinsten Bodenwerts	
Bodenrichtwert	500 EUR/m²
für Restnutzungsdauer (ggf. gewichtet)	61 Jahre
Abzinsungsfaktor	0,2217
Umrechnungskoeffizient bei Ein-/Zweifamilien-häusern, ansonsten Faktor 1	0,74
Grundstücksfläche	1.500 m²
Abgezinster Bodenwert	**123.044 EUR**
Berechnung des Grundsteuerwerts	
Barwert des Reinertrags aller Gebäude	612.701 EUR
Abgezinster Bodenwert	123.044 EUR
Summe	**735.745 EUR**
Mindestwert	416.250 EUR
Grundsteuerwert (nicht abgerundet)	**735.745 EUR**

11

Mietwohngrundstück A – Stadtstr. 6

Sachverhalt

Grundstücksfläche:	2.000 m²
Bodenrichtwert:	600 EUR/m²
Baujahr:	1953
Wohnfläche:	1.220 m²

Die Wohnfläche entfällt auf folgende Wohnungen

- 440 m² unter 60 m² (8 Wohnungen)

- 300 m² 60 m² bis unter 100 m² (4 Wohnungen)

- 480 m² 100 m² und mehr (4 Wohnungen)

Anzahl Garagen:	8
Mietstufe:	6

Grundsteuerberechnung

Rohertragsberechnung	
Listenmiete bei Wohnfläche unter 60 m²	6,52 EUR/m²
Wohnfläche	440 m²
Anpassung Mietniveau Stufe 6 (32,5 %)	2,11
Nettokaltmiete	8,63 EUR
Rohertrag	**45.566 EUR**
Listenmiete bei Wohnfläche 60–100 m²	5,64 EUR/m²
Wohnfläche	300 m²
Anpassung Mietniveau Stufe 6 (32,5 %)	1,83
Nettokaltmiete	7,47 EUR
Rohertrag	**26.892 EUR**
Listenmiete bei Wohnfläche von 100 m² und mehr	5,66 EUR/m²
Wohnfläche	480 m²
Anpassung Mietniveau Stufe 6 (32,5 %)	1,83
Nettokaltmiete	7,49 EUR
Rohertrag	**43.142 EUR**
Rohertrag der Garagen 3.360 EUR x 132,5 % (Stufe 6)	4.452 EUR
Summe Rohertrag	120.053 EUR

11

Rohertragsberechnung	
Berechnung des Reinertrags	
Rohertrag	120.053 EUR
Gesamtnutzungsdauer	80 Jahre
Alter des Gebäudes (2022–1953 = 69 Jahre) Restnutzungsdauer	11 Jahre
Mindestrestnutzungsdauer	24 Jahre
Ansatz Restnutzungsdauer	24 Jahre
Bewirtschaftungskosten Pauschalsatz	27 %
Ansatz Bewirtschaftungskosten	32.415 EUR
Reinertrag	87.638 EUR
Berechnung des Barwerts des Reinertrags	
Liegenschaftszinssatz	4,50 %
Vervielfältiger	14,50
Barwert des Reinertrags	1.270.751 EUR
Berechnung des abgezinsten Bodenwerts	
Bodenrichtwert	600 EUR/m²
für Restnutzungsdauer	24 Jahre
Abzinsungsfaktor	0,3477
Grundstücksfläche	2.000 m²
Abgezinster Bodenwert	417.240 EUR
Berechnung des Grundsteuerwerts	
Barwert des Reinertrags aller Gebäude	1.270.751 EUR
Abgezinster Bodenwert	417.240 EUR
Summe	1.687.991 EUR
Mindestwert	900.000 EUR
Grundsteuerwert (nicht abgerundet)	**1.676.435 EUR**

11

Geschäftsgrundstück A – Büro

Sachverhalt

Grundstücksfläche:	1.500 m²
Bodenrichtwert:	300 EUR/m²
Baujahr:	2003
Nutzfläche:	1.000 m²

Grundsteuerberechnung

Berechnung des Gebäudenormalherstellungswerts	
Brutto-Grundfläche (BGF)	1.000 m²
Normalherstellungskosten	**742 EUR/m²** (BGF)
Anpassungsfaktor Baupreisindex	1,301
Gebäudenormalherstellungswert	965.342 EUR
Berechnung des vorläufigen Gebäudesachwerts	
Alter des Gebäudeteils	19 Jahre
Gesamtnutzungsdauer des Gebäudeteils	60 Jahre
Alterswertminderung	32 %
Max. Alterswertminderung	70 %
Alterswertminderung	305.692 EUR
Vorläufiger Gebäudesachwert je Gebäudeteil	659.650 EUR
Berechnung des Bodenwerts	
Grundstücksfläche	1.500 m²
Bodenrichtwert	300 EUR/m²
Bodenwert	450.000 EUR
Berechnung des Grundsteuerwerts	
Vorläufiger Grundstückssachwert	1.109.650 EUR
Wertzahl	0,75
Grundsteuerwert vor Mindestwertprüfung	832.237 EUR
Mindestwert	337.500 EUR
Grundsteuerwert (nicht abgerundet)	**832.237 EUR**

11

Geschäftsgrundstück B – Werkstatt

Sachverhalt

Grundstücksfläche: 4.000 m²
Bodenrichtwert: 70 EUR/m²
Baujahr: 1953
Brutto-Grundfläche: 1.800 m²

Grundsteuerberechnung

Berechnung des Gebäudenormalherstellungswerts	
Brutto-Grundfläche (BGF)	1.800 m²
Normalherstellungskosten	762 EUR/m²
Anpassungsfaktor Baupreisindex	1,301
Gebäudenormalherstellungswert	1.784.451 EUR
Berechnung des vorläufigen Gebäudesachwerts	
Alter des Gebäudeteils	69 Jahre
Gesamtnutzungsdauer des Gebäudeteils	60 Jahre
Alterswertminderung	100 %
Max. Alterswertminderung	70 %
Alterswertminderung	1.249.116 EUR
Vorläufiger Gebäudesachwert je Gebäudeteil	535.335 EUR
Berechnung des Bodenwerts	
Grundstücksfläche	4.000 m²
Bodenrichtwert	70 EUR/m²
Bodenwert	280.000 EUR
Berechnung des Grundsteuerwerts	
Vorläufiger Grundstückssachwert	815.335 EUR
Wertzahl	0,7
Grundsteuerwert vor Mindestwertprüfung	570.734 EUR
Mindestwert	210.000 EUR
Grundsteuerwert (nicht abgerundet)	**570. 734 EUR**

11

Gemischt genutztes Grundstück – Büro und Wohnungen

Sachverhalt

Grundstücksfläche:	3.000 m²
Bodenrichtwert:	300 EUR/m²
Baujahr:	1993
Wohnfläche:	750 m²

Die Wohnfläche entfällt auf folgende Wohnungen

- 330 m² unter 60 m² (6 Wohnungen)

- 160 m² 60 m² bis unter 100 m² (2 Wohnungen)

- 260 m² 100 m² und mehr (2 Wohnungen)

Anzahl Garagen Büro:	8 (je 18 m²)
Nutzfläche:	500 m²
Anzahl Garagen Wohnungen:	8 (je 18 m²)
Mietstufe:	3

Auf den zu Bürozwecken genutzten Teil entfallen 40 Prozent der Nutzfläche. Auf die Wohnfläche entfallen 60 Prozent. Somit handelt es sich um die Grundstücksart gemischt genutztes Grundstück. Damit erfolgt die Bewertung im Sachverfahren. Deshalb ist die Mietstufe nicht relevant.

Grundsteuerberechnung

Berechnung des Gebäudenormalherstellungswerts		
	Gebäudeteil 1	Gebäudeteil 2
Brutto-Grundfläche	1.250 m²	288 m²
Normalherstellungskosten	695 EUR/m²	500 EUR/m²
Anpassungfaktor Baupreisindex	1,293	1,301
Gebäudenormalherstellungswert	1.123.293 EUR	187.344 EUR

11

Berechnung des Gebäudenormalherstellungswerts		
	Gebäudeteil 1	**Gebäudeteil 2**
Berechnung des vorläufigen Gebäudesachwerts		
Alter des Gebäudeteils	29 Jahre	29 Jahre
Gesamtnutzungsdauer des Gebäudeteils	80 Jahre	80 Jahre
Alterswertminderung	36 %	36 %
Max. Alterswertminderung	70 %	70 %
Alterswertminderung	407.193 EUR	67.912 EUR
Vorläufiger Gebäudesachwert je Gebäudeteil	716.099 EUR	119.431 EUR
Vorläufiger Gebäudesachwert (Summe)		835.532 EUR
Berechnung des Bodenwerts		
Grundstücksfläche		600 m²
Bodenrichtwert		300 EUR/m²
Bodenwert		180.000 EUR
Berechnung des Grundsteuerwerts		
Vorläufiger Grundstückssachwert		1.015.531 EUR
Wertzahl		0,75
Grundsteuerwert vor Mindestwertprüfung		761.648 EUR
Mindestwert		135.000 EUR
Grundsteuerwert (nicht abgerundet)		**761.648 EUR**

11

Eigentumswohnung A – Dorfstr. 1

Sachverhalt

Grundstücksfläche:	1.000 m²
Bodenrichtwert:	100 EUR/m²
Baujahr:	1953
Wohnfläche:	80 m²
Anzahl Garagen:	1
Mietstufe:	1
Miteigentumsanteil:	200/1.000

Grundsteuerberechnung

Ermittlung des Rohertrags bei Ein-/Zweifamilienhäusern und Wohnungseigentum	
Listenmiete bei einer Wohnfläche von 60 – 100 m²	5,64 EUR/m²
Wohnfläche	80 m²
Anpassung Mietniveau Stufe 1 (– 22,5 %)	– 1,26
Nettokaltmiete	4,38 EUR
Rohertrag des Einfamilienhauses	**4.205 EUR**
Rohertrag der Garagen 420 EUR x 77,5 % (Stufe 1)	326 EUR
Summe Rohertrag	4.531 EUR
Berechnung des Reinertrags	
Rohertrag	4.531 EUR
Gesamtnutzungsdauer	80 Jahre
Alter des Gebäudes (2022 – 1953 = 69 Jahre) Restnutzungsdauer	11 Jahre
Mindestrestnutzungsdauer	24 Jahre
Ansatz Restnutzungsdauer	24 Jahre
Bewirtschaftungskosten Pauschalsatz	29 %
Ansatz Bewirtschaftungskosten (Pauschalsatz x Rohertrag)	1.314 EUR
Reinertrag	3.217 EUR

11

Ermittlung des Rohertrags bei Ein-/Zweifamilienhäusern und Wohnungseigentum

Berechnung des Barwerts des Reinertrags	
Liegenschaftszinssatz	3,00 %
Vervielfältiger	16,94
Barwert des Reinertrags	54.496 EUR
Berechnung des abgezinsten Bodenwerts	
Bodenrichtwert	100 EUR/m²
für Restnutzungsdauer (ggf. gewichtet)	24 Jahre
Abzinsungsfaktor	0,4919
Umrechnungskoeffizient bei Ein-/Zweifamilienhäusern, ansonsten Faktor 1	1,00
Grundstücksfläche (1.000 m² x 200/1000)	200 m²
Abgezinster Bodenwert	9.838 EUR
Berechnung des Grundsteuerwerts	
Barwert des Reinertrags aller Gebäude	54.496 EUR
Abgezinster Bodenwert	9.838 EUR
Summe	64.334 EUR
Mindestwert	15.000 EUR
Grundsteuerwert (nicht abgerundet)	**64.334 EUR**

11

Eigentumswohnung B –Stadtstr. 6

Sachverhalt

Grundstücksfläche:	500 m²
Bodenrichtwert:	200 EUR/m²
Baujahr:	2018
Wohnfläche:	150 m²
Anzahl Garagen:	1
Mietstufe:	6
Miteigentumsanteil:	200/1.000

Grundsteuerberechnung

Ermittlung des Rohertrags bei Ein-/Zweifamilienhäusern und Wohnungseigentum	
Listenmiete bei einer Wohnfläche von 100 m² und mehr	6,43 EUR/ m²
Wohnfläche	150 m²
Anpassung Mietniveau Stufe 6 (32,5 %)	2,08 EUR
Nettokaltmiete	8,51 EUR
Rohertrag des Einfamilienhauses	**15.318 EUR**
Rohertrag der Garagen 420 EUR x 132,5 % (Stufe 6)	557 EUR
Summe Rohertrag	15.875 EUR
Berechnung des Reinertrags	
Rohertrag	15.875 EUR
Gesamtnutzungsdauer	80 Jahre
Alter des Gebäudes (2022 – 2018 = 4 Jahre) Restnutzungsdauer	76 Jahre
Mindestrestnutzungsdauer	24 Jahre
Ansatz Restnutzungsdauer	76 Jahre
Bewirtschaftungskosten Pauschalsatz	23 %

11

Ermittlung des Rohertrags bei Ein-/Zweifamilienhäusern und Wohnungseigentum	
Ansatz Bewirtschaftungskosten (Pauschalsatz x Rohertrag)	3.620 EUR
Reinertrag	12.223 EUR
Berechnung des Barwerts des Reinertrags	
Liegenschaftszinssatz	3,00 %
Vervielfältiger	29,81
Barwert des Reinertrags	364.368 EUR
Berechnung des abgezinsten Bodenwerts	
Bodenrichtwert	200 EUR/m²
Restnutzungsdauer (ggf. gewichtet)	76 Jahre
Abzinsungsfaktor	0,1058
Umrechnungskoeffizient bei Ein-/Zweifamilienhäusern, ansonsten Faktor 1	1,00
Grundstücksfläche (500 m² x 200/1000)	100 m²
Abgezinster Bodenwert	2.116 EUR
Berechnung des Grundsteuerwerts	
Barwert des Reinertrags aller Gebäude	364.368 EUR
Abgezinster Bodenwert	2.116 EUR
Summe	366.484 EUR
Mindestwert	15.000 EUR
Grundsteuerwert (nicht abgerundet)	**366.484 EUR**

11

Stichwortverzeichnis

Abbruchverpflichtung 49, 87
Abzinsungsfaktor 67, 70
Allgemeinverfügung 113
Alterswertminderung 85
Äquivalenzprinzip 21, 96
Auffangregelung 39
Aufkommensneutralität 101
Außenanlagen 45, 91
Außenmaß 91
Außenstellplätze 91
Außentreppen 90

Balkone 90
Barwert 45
Barwertfaktoren 51
Baudenkmäler 111
Bauernhof 25
Baugenehmigung 112
Baujahr 86
Baulandmobilisierung 108, 112
Baunebenkosten 82
Baupreisindex 82
Baupreisindizes 85
Baureife Grundstücke 112
Bauwerk 45
Bebaute Grundstücke 44, 98
Bebauungsplan 26
Belastungsvergleich 102
Bemessungsgrundlage 97
Benutzbares Gebäude 36
Benutzbarkeit 36
Betriebsinhaber 25
Betriebskosten 67
Betriebskostenverordnung 19
Betriebsvorrichtungen 44, 45
Bewertungsgrundlagen 22
Bewertungsstichtage 85
Bewertungsverfahren 28, 32
Bewirtschaftungskosten 46, 67
Bodenrichtwert 38
Bodenrichtwertzone 38, 39, 41

Bodenwert 38, 81
Brutto-Grundfläche 88

Dachflächen 90
Denkmäler 108
Denkmalschutz 111

Einfamilienhäuser 28, 29
Einfriedung 91
Einheitsbewertung 11, 17
Einheitswert 10
Einheitswertbescheid 18
Einkommensteuer 11
Einspruch 29, 104
ELSTER 12
Erbbauberechtige 93
Erbbaurecht 25, 93
Erbbaurechtsgrundstück 25
Erbschaft-/Schenkungsteuer 10
Erklärung 12
Erklärungsabgabe 105
Ersatzbemessungsgrundlage 17
Erschließung 91
Ertragswertverfahren 28, 32, 33

Feststellungsbescheid 29
Finanzamt 18, 29
Flächengrößen 96
Flächenmodell 96
Flurstück 26, 27
Flurstücksgrenzen 41
Flurstücksnummer 24
Folgebescheid 29
Freilegungskosten 78

Garage 27
Garagengrundstück 27
Garten 26
Gebäudealter 83
Gebäudeart 82, 89
Gebäudebestandteil 45

Gebäudemerkmale 45
Gebäudesachwert 82
Gemeindeanteil 11
Gemeindebezogene Einordnung 66
Gemischt genutzte Grundstücke 29, 30
Gesamtnutzungsdauer 46, 48, 86
Gesamtwert 93
Geschäftsgrundstücke 29, 30
Geschosse 91
Gewerbe 45
Gewerbesteuer 11
Gewöhnliche Herstellungskosten 82
Gleichheitssatz 17
Grundbuch 37
Grundbuchblatt 26
Grundlagenbescheid 104
Grundlagencharakter 29
Grundrissebenen 89
Grundsteuer A 12, 112
Grundsteuer B 12, 112
Grundsteuerbescheid 29
Grundsteuer C 112
Grundsteuererhebung 17
Grundsteuerhebesätze 97
Grundsteuermessbetrag 13, 108
Grundsteuermessbetragsbescheid 18
Grundsteuermesszahl 101, 108
Grundsteuervergünstigung 110
Grundsteuerwert 45, 80, 104, 108
Grundstück 24
Grundstücksarten 15, 28
Grundstücksfläche 37
Grundstücksmerkmale 38
Grund und Boden 25, 78
Grundvermögen 17, 24, 26

Hauptfeststellung 22, 104
Hauptfeststellungszeitpunkt 82
Hauptfeststellungszeitraum 22, 85
Hebesatz 18, 113
Herstellungskosten 33

Instandhaltungskosten 67

Kapitalisierter Reinertrag 46
Katasteramt 24
Kellerschächte 90
Kernsanierung 86
Kommune 18, 96
Kostenübernahmen 67
Kriechkeller 90

Länderfinanzausgleich 99
Land- und Forstwirtschaft 17
Land- und forstwirtschaftliches Vermögen 25
Leistungsfähigkeitsprinzip 21
Liegenschaftszinssatz 49, 70
Liquidationsfälle 78
Listenmiete 56

Mehrfache Verwendung 22
Mietausfallwagnis 67
Mietniveaustufen 56, 66
Mietwohngrundstück 27, 28, 30
Mindestrestnutzungsdauer 48
Mindestwert 78, 86
Modernisierung 48, 86

Nebenkosten 19
Nettokaltmiete 56
Nichtwohngebäude 80
Normalherstellungskosten 82, 89, 91

Öffentliche Förderung 108

Privatautonomie 93

Rechtsbehelfsfrist 104
Reinertrag 45
Restnutzungsdauer 46, 70
Rohertrag 46, 56

Sachwertverfahren 28, 32, 33, 80
Selbstständig nutzbare Teilfläche 78
Sonstige bebaute Grundstücke 29, 30
Spitzböden 90

Steuerbescheid 20
Steuermesszahl 105, 108

Teileigentum 29, 30, 48
Teilerbbaurecht 25
Teilungserklärung 28

Umlagen 67
Umsatzsteuer 83
Unbebaute Fläche 26
Unbebaute Grundstücke 36, 97

Vereinfachungsregel 91
Verkehrswerte 15
Verkehrswertniveau 15
Verlängerung der Gesamtnutzungs-
    dauer 86
Verteilungsschlüssel 20
Verwaltungskosten 67

Werteinschätzung 33
Wertermittlung 37
Wertminderung 15, 86
Wertzahl 87
Wiedervereinigung 16
Wirtschaftliche Einheit 24
Wirtschaftsgüter 10
Wohnfläche 20, 56, 66
Wohnung 31
Wohnungsbaugesellschaft 110
Wohnungseigentum 28, 30
Wohnungseigentumsgesetz
    25
Wohnungserbbaurecht 25

Zonen 39
Zumutbarkeit 36
Zweifamilienhäuser 28, 29
Zwischendecken 90